de La Harpe

LE COMTE DE WARWICK,

TRAGÉDIE,

EN CINQ ACTES ET EN VERS;

Représentée, pour la première fois, le 7 Novembre 1763.

LE COMTE DE WARWICK,

TRAGÉDIE,

EN CINQ ACTES ET EN VERS;

Représentée, pour la première fois, le 7 Novembre 1763.

Aspirat primo fortuna labori.

VIRGILE.

PRIX : DEUX FRANCS.

A BREST,

DE L'IMPRIMERIE DE MICHEL.

1814.

PRÉFACE.

Le Comte de Warwick a été traduit en plusieurs langues, joué à la Haye en hollandais, et en anglais au théâtre de *Drurylane*, et il a eu partout le même succès.

Je ne parlerai que de la pièce anglaise, qui est plutôt une imitation qu'une traduction. L'intrigue et la conduite sont absolument les mêmes, à quelques changemens près, et ces changemens, je l'avoue, ne me paroissent pas heureux. Par exemple, Édouard, dans l'Auteur anglais, n'apprend qu'au cinquième acte qu'Elisabeth, dont il est amoureux, est la maîtresse de Warwick. Il en résulte que, dans les deux premiers actes, il est moins intéressant, parce que ses torts envers son ami et son bienfaiteur étant beaucoup moins graves, il a moins de remords, et que son rôle devient par conséquent beaucoup moins théâtral. Joignez à cela qu'Edouard, apprenant que Warwick est son rival, s'emporte en plaintes et en reproches très-mal fondés, puisque Warwick ne peut avoir eu aucun tort en aimant Elisabeth, que le roi n'a recherchée que depuis le départ du comte pour l'ambassade de France.

Autre changement. Edouard, au second acte, reçoit Warwick en plein conseil. La question de son mariage y est discutée entre les amis du jeune prince et ceux du comte, discussion nécessairement froide devant les deux personnages intéressés, qui seuls ont droit d'occuper le spectateur. D'ailleurs Edouard, pressé par Warwick, est obligé de se défendre par des lieux communs sur l'amour, qui seroient tout au plus supportables devant un confident, mais qui sont déplacés et indécens dans un conseil. Il paroît que toutes ces convenances de l'art dramatique ont échappé à l'Auteur anglais, qui n'a songé qu'à faire une scène d'appareil.

Un changement qui paroîtra encore plus extraordinaire, c'est celui du quatrième acte. La révolution qui le termine a toujours produit le plus grand effet sur notre scène. L'Auteur anglais ne la conserve qu'en partie, ne la décide même pas, et en change les motifs. Ce n'est plus un mouvement de générosité naturelle que Warwick fait éclater devant son ami qui vient le tirer des fers, devant les Anglais prêts à le suivre : c'est une réflexion politique, un froid *aparté* dont Warwick ne s'avise qu'au moment où son ami Pembroke le quitte.

« Arrête, Warwick; ne te laisse pas précipiter
» par la vengeance dans la route de la honte.
» Si ma patrie implore le secours de Warwick,
» je dois entendre sa voix et le sauver......
» Pembroke peut avoir des vues étrangères à
» moi, et l'adroite Marguerite aussi..... je ne
» puis être d'un autre parti que celui d'Elisabeth.
» O ciel! dirige-moi dans ce que je vais en-
» treprendre. »

Ainsi des soupçons injurieux à l'ami qui vient de délivrer Warwick, et la foiblesse d'un amant vulgaire qui n'ose désobéir à sa maîtresse, voilà ce que l'Auteur anglais substitue à un retour si naturel dans un grand cœur. Il a eu ses raisons sans doute, mais il est impossible de les deviner.

A l'égard du style, il est totalement différent. Il paroît que le génie anglais exige, sur le théâtre même, une diction toujours hérissée de figures. Mais ce qui est certain, c'est que non-seulement ce style est l'opposé du naturel dans le dialogue dramatique, mais que la plupart de ces métaphores sont aussi basses et aussi triviales qu'elles sont déplacées. Je doute que sur notre théâtre on entendît volontiers Marguerite dire à Warwick : *Peut-être que les mêts que vous avez préparés ne conviennent pas au goût trop délicat d'Édouard. Il dédaigne de goûter un banquet étranger, quelque savoureux qu'il puisse être, et n'aime que les mêts de son choix....* et Warwick dire à Edouard : *Qui a donné de la valeur à ce zéro ?* Ce zéro, c'est Edouard lui-même. Je ne crois pas que ces figures soient de bon goût, quelque part que ce soit, aux yeux des gens instruits.

N. B. Il y a eu un Warwick de feu Cahuzac, qui n'a eu qu'une représentation, et qui n'a jamais été imprimé. J'ignore s'il s'est conservé dans les dépôts de la police ou de la comédie; mais je ne l'ai jamais vu.

LETTRE

A MONSIEUR DE VOLTAIRE.

Monsieur,

Quoiqu'éloigné du centre de notre littérature, vous en êtes toujours l'ame et l'honneur. Tous ceux qui font quelques pas dans cette carrière, où vous avez tant de fois triomphé, vous offrent en tribut les essais de leur jeunesse. En soumettant cet ouvrage à vos lumières, je ne fais que suivre la foule; et si je puis m'en distinguer, ce n'est que par la sensibilité particulière qui m'a toujours attaché à vos écrits, et dont j'ai osé déjà vous donner des témoignages.

Il est donc vrai, Monsieur, qu'il vient un tems où tous les hommes s'accordent pour être justes, où le cri de l'envie est étouffé par le cri de l'admiration, où l'on n'ose plus opposer la médiocrité qu'on méprise, au génie qu'on voudroit dégrader, où l'homme supérieur à son siècle est enfin à sa place. Ce sentiment unanime et victorieux, qui détruit tous les autres intérêts, a quelque chose de sublime; il me fait respecter l'humanité.

Tel est le rang où vous êtes parvenu, Monsieur; tel est l'hommage universel que l'on vous rend aujourd'hui, et que méritent vos chefs-d'œuvres dans plusieurs genres, surtout dans le genre dramatique. Permettez-moi de discourir quelque tems avec vous sur cet art que j'aime, et dans lequel vous excellez. Quand on écrit à son maître, il faut s'instruire avec lui, lui proposer des réflexions et des doutes qu'il peut éclairer, plutôt que de lui adresser des louanges qui sont toujours fort au-dessous de lui.

Il n'est que trop vrai que le théâtre est depuis long-tems dans ses jours de décadence. Vous vous êtes placé à côté de nos maîtres, et tout le reste est bien loin de vous. On a même abusé de vos préceptes pour corrompre et détériorer l'art de la tragédie. Vous nous avez dit que la pompe du spectacle ajoutoit beaucoup à l'intérêt d'une action; vous avez recommandé cet accessoire trop négligé jusqu'à vous. Qu'est-il arrivé? On a fait de la tragédie une suite de tableaux mouvans; on a prodigué les événemens en représentation, les combats, les poignards, et l'on a fait des ouvrages dont tout le mérite étoit pour l'acteur ou le décorateur. On a voulu oublier ce que vous avez répété cent fois, que sans l'intérêt et le style, tous ces ornemens étrangers ne produisoient que l'effet d'un instant, et qu'il ne restoit rien d'un ouvrage de cette espèce quand la toile étoit tombée. J'entendois demander autour de moi, lorsqu'il s'agissoit d'une pièce nouvelle : y a-t-il des coups de théâtre en grand nombre, des tirades pour l'actrice, des maximes, des vers brillans? On se gardoit bien de demander : les personnages disent-ils ce qu'ils doivent dire? l'action est-elle raisonnable? le style est-il intéressant? Ces bagatelles étoient bonnes pour le vieux tems, et l'on disoit tout haut que *Britannicus*, donné aujourd'hui pour la première fois, seroit à peine écouté.

C'est au milieu de tels discours et de tels préjugés que j'ai osé concevoir et exécuter un drame de la plus grande simplicité. J'ai pensé que les événemens multipliés ne pouvoient tout au plus intéresser que la curiosité de l'esprit, et non la sensibilité de l'ame; que, pour faire éprouver aux hommes rassemblés des émotions durables, il falloit développer devant eux une action simple, qui, de momens en momens, devînt plus attachante; qu'il falloit imprimer profondément dans leurs cœurs les sentimens divers et successifs des personnages; que la tragédie n'étoit pas seulement le talent de faire agir les hommes sur la scène, mais encore celui de les faire parler. Oui, je ne craindrai pas de le répéter, l'éloquence seule peut animer la tragédie; c'est le caractère distinctif des grands maîtres; c'est le vôtre. Le mérite peut n'être pas bien grand, d'arranger une action vraisemblable; Campistron l'a fait; mais créer des hommes à qui l'on donne à ces passions qu'il faut peindre, répandre dans les discours qu'on leur prête cet intérêt soutenu, cette chaleur qui donne à l'illusion l'air de la vérité, trouver, saisir ces sentimens qui s'échappent de l'ame, et que l'homme médiocre ne rencontre jamais ; voilà le talent rare et supérieur, voilà le génie.

Quel don, Monsieur, que l'éloquence ! c'est le plus beau présent de la nature : elle fait pardonner tout, même la vérité. Et quel homme sait mieux que vous les réunir ? Qui mieux que vous a su faire servir à notre instruction la science de plaire et d'attendrir ? Combien vous savez adoucir les hommes, afin qu'ils vous permettent de les éclairer ! Peut-être est-il encore des ames ingrates et dures qui se refusent aux plaisirs que vous leur procurez, et qui cherchent les défauts de vos ouvrages, en essuyant les larmes que vous leur arrachez ; peut-être même me reprocheront-elles cette expression de ma reconnoissance. Pour moi, je la crois due au grand homme qui cent fois a charmé les instans de ma vie, et qui m'a appris encore à pardonner à leur ingratitude.

Je serais trop heureux, Monsieur, si le plaisir qu'on goûte à la lecture de vos ouvrages, suffisoit pour apprendre à les imiter. Sans prétendre à cette gloire, je me suis attaché du moins à pratiquer vos leçons. J'ai cherché la clarté dans le style, la simplicité dans la marche. J'ai déployé

A M. DE VOLTAIRE.

sur la scène l'ame grande et sensible de *Warwick*, et j'ai cru qu'avec cet avantage je serois bien malheureux, si j'avois besoin de ces ornemens si superflus, et que l'on croit si nécessaires. Ma jeunesse et quelques lueurs de cet ancien goût, qui pour n'être plus suivi, n'est pourtant pas oublié, m'ont fait accueillir du public avec cette indulgence qui récompense les efforts et encourage les dispositions. On a applaudi au genre que j'avois choisi, bien plus qu'à mes talens. Il seroit à souhaiter que cet accueil engageât tous ceux qui se disputent aujourd'hui la scène à rentrer dans l'ancienne route, qui probablement est la plus sûre, et dans laquelle sans doute ils iroient bien plus loin que moi. C'est à vous, Monsieur, qui avez atteint le but, et qui êtes assis sur vos trophées; c'est à vous à les ramener. Élevez encore votre voix; proposez-leur de relire *Phèdre* et *Cinna*; moi, je leur citerai *Mérope* et ces trois derniers actes de *Zaïre*, ces actes si admirables, où les développemens d'un cœur tendre et jaloux suffisent pour remplir la scène. J'entends toujours parler de coups de théâtre; mais qu'est-ce que des coups de théâtre? sont-ce des exécutions sanglantes? non. Oreste, dans *Andromaque*, est épris d'Hermione : il vient d'obtenir l'assurance de l'épouser, si Pyrrhus épouse la veuve d'Hector : Pyrrhus y semble déterminé : il a refusé de livrer Astianax, il sacrifie tout à sa Troyenne : Oreste nage dans la joie. Arrive Pyrrhus; tout est changé; il est bravé; il revient à Hermione et livre Astianax; il invite Oreste à être témoin de son mariage: Oreste est frappé, et le spectateur avec lui. Voilà un coup de théâtre! il est d'un maître.

C'est ainsi qu'il faut que les événemens d'une pièce paroissent toujours le résultat des caractères, et non une machine fragile, dont on voit tous les ressorts dans la main de l'auteur. Mais c'est sur le style que nous avons surtout besoin de vos leçons. Si vous avez quelquefois placé dans une scène des réflexions rapides, presque toujours fondues dans la situation, on a prétendu dès lors qu'il falloit, à votre exemple, faire entendre sur le théâtre toutes les vérités morales qu'on a pu dire depuis deux mille ans. On a fait de longues tirades bien traînantes, bien ennuyeuses, et surtout bien déplacées. On est convenu d'appeler cela des vers *saillans*, *des vers à retenir*. Vous ne serez pas surpris, Monsieur, quand vous aurez lu cette tragédie, que plusieurs personnes se soient plaintes de n'y pas trouver *de ces vers à retenir*; je crois bien que vous m'en saurez bon gré. Quant à ces personnes dont je vous parle, je suis bien fâché de ne pouvoir les satisfaire; mais je leur répondrai, et vous appuierez mon avis, sans doute, que des vers de situation, profondément sentis, valent cent fois mieux que des vers faits par l'esprit pour réfroidir l'ame; qu'enfin il faut préférer le style qui fait vivre un ouvrage, à celui qui fait briller l'acteur.

Combien de gens ignorent le mérite de ces vers simples et faciles, sans inversions, sans épithètes, qui seuls font entendre une tragédie avec une satisfaction continue! Je dirai plus; quand cette simplicité est touchante, je la préfère aux plus grandes pensées.

Tout le monde connoît ces vers fameux de Corneille en parlant de Pompée :

> Il (le ciel) a choisi sa mort pour servir dignement
> D'une marque éternelle à ce grand changement,
> Et devoit cet honneur aux mânes d'un tel homme,
> D'emporter avec eux la liberté de Rome. (1)

Cette pensée est grande sans enflure ; mais j'aimerois bien mieux avoir fait ces vers-ci d'Athalie, où Joad dit, en parlant des flatteurs :

> Ainsi de piége en piége, et d'abîme en abîme,
> Corrompant de vos mœurs l'aimable pureté,
> Il vous feront bientôt haïr la vérité,
> Vous peindront la vertu sous une affreuse image.
> Hélas! ils ont des rois égaré le plus sage.

Quel intérêt de style! que ce ton est naïvement dramatique! et, quand je songe que c'est un grand-prêtre qui tient ce langage aux pieds d'un roi enfant qu'il va mettre sur le trône, il me semble

---

(1) Observez que Voltaire avoit cité ces mêmes vers comme une pensée fausse et une déclamation.

qu'on n'a jamais offert aux hommes un spectacle plus grand et plus pathétique.

Il faut dire de grandes choses avec des termes simples : tels sont mes principes, Monsieur : c'est de vous que je les tiens. J'ajouterai qu'il seroit bien cruel et bien injuste que ceux qui ont des principes contraires, se crussent en droit d'être mes ennemis. Je saisis cette occasion de me plaindre à vous publiquement des discours que la haine et la crédulité répandent sur moi. Dans un monde où tout est convention, où l'on marche au milieu de cent petites vanités qu'il faut craindre de heurter, j'ai été juste et vrai. On m'en a fait un crime, et beaucoup de gens m'ont accusé d'être méchant, parce que je n'avois pas la fausseté nécessaire pour l'être. Il est également triste et inconcevable d'être haï par une foule de personnes que l'on n'a jamais vues.

Des discussions littéraires, des intérêts d'un jour doivent-ils produire des inimitiés si aveugles ? Quoi ! faudra-t-il toujours redire aux hommes : ne haïssez jamais celui qui ne vous est pas connu, et que peut-être vous auriez aimé ?

Au reste, Monsieur, ces désagrémens, attachés aux arts de l'esprit, n'affoibliront point l'amour que j'ai pour eux et qui est né avec moi. La reconnoissance que je dois aux bontés du public, me donnera de nouvelles forces, et développera peut-être en moi les talens qu'il a cru apercevoir. Peut-être ceux pour qui la lecture est un plaisir utile et réel, en lisant ces foibles essais, seront attendris des sentimens honnêtes et vertueux que j'ai su quelquefois exprimer, et leur ame me saura gré d'avoir écrit. La mienne, vous le voyez, Monsieur, s'épanche devant vous avec liberté. Je suis toutes ses impressions, sans songer que j'abuse de vos momens, que je vous occupe d'objets importans pour ma jeunesse, mais que votre expérience regarde d'un œil bien indifférent. Vous avez prévu ou senti tout ce qui m'étonne ou m'irrite. Vous êtes à cette hauteur où tout paroît illusion et vanité. Aussi je compte également sur les conseils de votre philosophie, et sur les lumières de votre goût.

Je suis, etc.

RÉPONSE
DE MONSIEUR DE VOLTAIRE.

De Ferney, ce 22 décembre 1763.

Après le plaisir, Monsieur, que m'a fait votre tragédie, le plus grand que je puisse recevoir, est la lettre dont vous m'honorez. Vous êtes dans les bons principes, et votre pièce justifie bien tout ce que vous dites dans votre lettre. *Racine*, (qui fut le premier qui eut du goût, comme *Corneille* fut le premier qui eut du génie) l'admirable *Racine*, non assez admiré, pensoit comme vous. La pompe du spectacle n'est une beauté que quand elle fait une partie nécessaire du sujet; autrement ce n'est qu'une décoration. Les incidens ne sont un mérite que quand ils sont naturels, et les déclamations sont toujours puériles, surtout quand elles sont remplies d'enflure.

Vous vous applaudissez de n'avoir point de *vers à retenir*; et moi, Monsieur, je trouve que vous en avez fait beaucoup de ce genre. Les vers que je retiens le plus aisément, sont ceux où la maxime est tournée en sentiment, où le poëte cherche moins à paroître qu'à faire paroître son personnage,

sonnage, où l'on ne cherche point à étonner, où la nature parle, où l'on dit ce qu'on doit dire. Voilà les vers que j'aime : jugez si je ne dois pas être très-content de votre ouvrage.

Vous me paroissez avoir beaucoup de mérite : attendez-vous donc à beaucoup d'ennemis. Autrefois, dès qu'un homme avoit fait un bon ouvrage, on alloit dire au frère Vadeblé qu'il étoit janséniste : le frère Vadeblé le disoit au père le Tellier qui le disoit au Roi. Aujourd'hui, faites une bonne tragédie, et l'on dira que vous êtes athée. C'est un plaisir de voir les pouilles que l'abbé d'Aubignac, prédicateur du Roi, prodigue à l'auteur de *Cinna*. Il y a eu de tous tems des *Freron* dans la littérature; mais on dit qu'il faut qu'il y ait des chenilles, parce que les rossignols les mangent pour mieux chanter.

J'ai l'honneur d'être, avec toute l'estime que vous méritez,

Monsieur,

Votre très-humble et très-obéissant serviteur,

Voltaire.

ACTEURS.

ÉDOUARD D'YORCK, Roi d'Angleterre.
MARGUERITE D'ANJOU, femme de Henri de Lancastre.
LE COMTE DE WARWICK.
ÉLISABETH.
SUFFOLCK, Confident du Roi.
SUMMER, Confident de Warwick.
NEVIL, Suivante de la Reine.
UN OFFICIER, GARDES, SOLDATS.

La Scène est à Londres.

LE COMTE DE WARWICK,
TRAGÉDIE.

ACTE PREMIER.

SCÈNE I.
MARGUERITE, NEVIL.

NEVIL.

Quoi ! lorsque les destins ont comblé vos revers,
Quand votre époux gémit dans l'opprobre des fers,
Lorsqu'Édouard enfin, heureux par vos désastres,
S'assied insolemment au trône des Lancastres,
Marguerite, tranquille en son adversité,
Conserve sur son front tant de sérénité !
Quel espoir adoucit votre misère affreuse ?

MARGUERITE.

Celui qui soutient seul une ame généreuse,
Qui seul peut l'affermir contre les coups du sort,
Et lui fait rejeter le secours de la mort,

Aliment nécessaire à qui sentit l'offense,
Seul bien des malheureux, l'espoir de la vengeance.

NEVIL.

Et comment cet espoir vous seroit-il permis ?
Le sceptre est dans les mains de vos fiers ennemis.
Ils ne sont plus ces tems où votre ame intrépide,
Soutenant les langueurs d'un Monarque timide,
De l'Anglais inquiet abaissoit la fierté,
Le soumettoit au frein de votre autorité;
Quand vous-même, guidant des guerriers indociles,
Terrassiez les auteurs des discordes civiles;
Quand de l'heureux Yorck, qui nous opprime tous,
Le père audacieux succomboit sous vos coups.
Hélas ! tout est changé : malgré votre courage,
De ses premiers bienfaits le sort détruit l'ouvrage.
Yorck est triomphant, Lancastre est abattu.
En vain pour votre époux vous avez combattu;
En vain il a repris, encor plein d'épouvante,
Le sceptre qui tomboit de sa main défaillante;
L'ascendant de Warwick a fait tous vos malheurs.
Votre fils, cet objet de vos soins, de vos pleurs,
Traîne, loin des regards d'une mère avilie,
Sous les yeux des tyrans, son enfance asservie;
Vous-même, prisonnière en ces murs odieux....

MARGUERITE.

Un plus doux avenir enfin s'ouvre à mes yeux :
Mes destins vont changer..... mon cœur du moins
  s'en flatte.

ACTE I, SCÈNE I.

Il faut que devant toi mon allégresse éclate :
Apprends ce qu'Édouard cache encore à sa cour,
Et ce que verra Londre avant la fin du jour.
Tu sais qu'Élisabeth à Warwick fut promise ;
Que prêt à s'éloigner des bords de la Tamise,
Il attendoit sa main.....

NEVIL.

Eh bien ?

MARGUERITE.

Des nœuds secrets,
Ce soir, au jeune Yorck l'enchaînent pour jamais,
Et le peuple, étonné de sa grandeur soudaine,
Apprendra cet hymen en connoissant sa reine.

NEVIL.

O ciel ! que dites-vous ? eh quoi ! lorsqu'aujourd'hui
Il brigue des Français l'alliance et l'appui ;
Lorsque, pour en donner une éclatante marque,
Il offre d'épouser la sœur de leur monarque ;
Que Warwick, en un mot, chargé de ce traité,
Aux rives de la Seine est encore arrêté,
L'imprudent Édouard, par un double parjure,
Prépare à tous les deux cette sanglante injure !

MARGUERITE.

Oui, ce Prince entraîné par cet amour fatal,
Est de son bienfaiteur devenu le rival.
En vain Élisabeth, que cet hymen accable,
Voudroit en rejeter la chaîne insupportable ;

Un père ambitieux, insensible à ses pleurs,
Va la sacrifier à l'attrait des grandeurs ;
Et sa fille, aujourd'hui victime couronnée,
Attend en frémissant ce funeste hyménée.
Voilà ce que j'ai su : des amis vigilans
Ont surpris ces secrets cachés aux courtisans.
Penses-tu que Warwick, tout plein de sa tendresse,
Se laisse impunément enlever sa maîtresse ?
Se verra-t-il en butte au mépris des deux cours,
Sans venger à la fois sa gloire et ses amours ?
Connois-tu de Warwick l'impétueuse audace ?
Ce guerrier si terrible, auteur de ma disgrâce,
Ce héros si vanté, dont les vaillantes mains
Ont fait en ces climats le sort des souverains,
Est orgueilleux, jaloux, fier autant qu'invincible;
Son cœur est généreux, mais il est inflexible.
Il dédaigne le trône ; il se croit au-dessus
De ces rois par son bras protégés ou vaincus.
Tu le verras bientôt, aigri d'un tel outrage,
S'élever avec moi contre son propre ouvrage,
Arracher mon époux à la captivité ;
Et signalant pour moi son courage irrité,
M'aider à ranimer, après tant de désastres,
Les restes expirans du parti des Lancastres,
Écraser Édouard après l'avoir servi,
Et me rendre à la fois tout ce qu'il m'a ravi ;
Ou bien si de Warwick la valeur fortunée
Ne pouvoit rien ici contre ma destinée,
Je goûterai du moins ce plaisir consolant

De voir mes ennemis, l'un l'autre s'accablant,
Victimes d'une guerre à tous les deux funeste,
Répandre sous mes yeux un sang que je déteste,
Et des maux qu'ils m'ont faits se disputant les fruits,
Peut-être tous les deux l'un par l'autre détruits.

NEVIL.

Vous allez, dans l'ardeur qui toujours vous dévore,
En de nouveaux périls vous engager encore!
Vous allez tout braver pour servir un époux,
Indigne également et du trône et de vous!

MARGUERITE.

Hélas! de son malheur ne lui fais point un crime :
Je sais qu'il s'endormit sur le bord de l'abîme;
Le sceptre qu'il portoit a fatigué son bras.
Il me laisse à venger des maux qu'il ne sent pas.
Se livrant à son sort en esclave timide,
Incessamment plongé dans un calme stupide,
Il paroît ne sentir, dans sa triste langueur,
Ni le poids de ses fers, ni l'orgueil du vainqueur.
Eh bien! c'est donc à moi de laver son injure,
De soutenir ce rang que sa foiblesse abjure.
Eh! que dis-je? mon fils, l'idole de mon cœur,
M'offre de mes travaux un prix assez flatteur :
Si ma main le replace au trône de son père,
Un jour il connoîtra ce qu'il doit à sa mère.
De combien de périls j'ai su le garantir!
Ce jour, ce jour hélas! me fait encor frémir,
Où d'un cruel vainqueur évitant la poursuite,

Seule et dans les forêts précipitant ma fuite,
Égarée, éperdue, et mon fils dans les bras,
De momens en momens j'attendois le trépas;
Un brigand se présente, et son avide joie
Brille dans ses regards, à l'aspect de sa proie.
Il est prêt à frapper : je restai sans frayeur ;
Un espoir imprévu vint ranimer mon cœur.
Sans guide, sans secours, dans ce lieu solitaire,
Je crus, j'osai dans lui voir un dieu tutélaire.
« Tiens, approche, lui dis-je, en lui montrant mon fils
Qu'à peine soutenoient mes bras appesantis,
» Ose sauver ton Prince, ose sauver sa mère....
J'étonnai, j'attendris ce mortel sanguinaire ;
Mon intrépidité le rendit généreux :
Le ciel veilloit alors sur mon fils malheureux,
Ou bien le front des rois que le destin accable
Sous les traits du malheur semble plus respectable.
» Suivez-moi, me dit-il, et le fer à la main,
Portant mon fils de l'autre, il me fraye un chemin;
Et ce mortel abject, tout fier de son ouvrage,
Sembloit en me sauvant égaler mon courage.

NEVIL.

Ces périls retracés dans votre souvenir
Présagent à ce fils un brillant avenir.
D'orages, de revers une enfance assiégée,
Par le ciel poursuivie et par lui protégée,
A des traits si frappans fait connoître un mortel,

ACTE I, SCÈNE I.

Objet des soins marqués d'un pouvoir éternel,
Et qui, sûr de sa route, et bravant les obstacles,
Doit du ciel qui le guide attendre des miracles.
C'en étoit un sans doute, alors qu'au fond des bois,
Un brigand conserva l'héritier de nos Rois.
Il va vous en coûter peut-être davantage,
Pour ravir son enfance aux fers de l'esclavage.
Édouard craint un nom chéri dans ces climats :
Les cœurs ambitieux ne s'attendrissent pas.

MARGUERITE.

Le traité qu'aujourd'hui l'on fait avec la France
Doit de ma liberté me donner l'espérance.
Je vais voir Édouard : je sais qu'il a promis
De fixer ma rançon et celle de mon fils.
Son cœur ne connoît point la fraude et l'artifice.
Il est mon ennemi, mais je lui rends justice :
Yorck a des vertus, je dois en convenir.
Il m'a ravi le trône et je dois l'en punir :
Édouard, à mes yeux, est toujours un rebelle.
Je ne discute point cette longue querelle,
Ces droits tant contestés et jamais éclaircis ;
Je défendrai les miens, mon époux et mon fils.
Ce sont-là mes devoirs, mes vœux, mon espérance.
J'irai chercher Warwick aux rives de la France :
Il servira ma haine, et peut-être Louis
Va s'armer avec nous contre nos ennemis ;
Peut-être son courroux.... Mais Édouard s'avance.
Laisse-nous.

SCÈNE II.

ÉDOUARD, MARGUERITE, SUFFOLCK,
GARDES.

ÉDOUARD.

Vous avez souhaité ma présence.
Quelque ressentiment qui nous puisse animer,
Mon cœur est équitable et sait vous estimer.
Si mon rang à vos vœux me permet de me rendre,
L'illustre Marguerite a droit de tout prétendre.

MARGUERITE.

En l'état où je suis, paroissant devant toi,
J'envisage les maux accumulés sur moi.
Je t'ai vu mon sujet : j'ai marché souveraine
Dans ce même palais où ton pouvoir m'enchaine.
Le destin l'a voulu : jouis de sa faveur.
Mais si ton ame encore est sensible à l'honneur,
J'en réclame les lois, sans demander de grâce :
Je sais, sans m'avilir, céder à ma disgrâce ;
J'ose attendre de toi mon fils, ma liberté ;
Que l'un et l'autre ici soient garans du traité
Qu'à la Cour de Louis Warwick a dû conclure.
Tu dois les accorder ou t'avouer parjure.
Détermine le prix que je t'en dois donner.
Mon aspect dès long-tems a dû t'importuner ;
Il trouble les douceurs d'un règne illégitime.
Il est dur de rougir devant ceux qu'on opprime.

ACTE I, SCÈNE II.

ÉDOUARD.

Non, je ne rougis point d'avoir repris un rang
Que trop long-tems Lancastre usurpa sur mon sang.
Je ne veux point ici vous expliquer mes titres :
La haine et l'intérêt sont d'injustes arbitres.
Et de quel droit enfin, vous, d'un sang étranger,
Quand Londres me couronne, osez-vous me juger ?
De Naples et d'Anjou l'incertaine héritière
Devroit s'occuper moins du trône d'Angleterre.
Par le peuple et les grands Lancastre est condamné.
Vous n'êtes plus ici que fille de René,
Qu'une étrangère illustre, et non pas une Reine :
D'un titre qui n'est plus cessez d'être si vaine.
Entre Louis et moi je ménage un traité
Qui fixera l'instant de votre liberté ;
Je le souhaite au moins, mais je ne puis répondre
Des obstacles nouveaux qui peuvent nous confondre.
Les intérêts des Rois coûtent à démêler,
Et mon devoir n'est point de vous les révéler.
Attendez jusque-là ma volonté suprême.

MARGUERITE.

J'attends tout désormais du ciel et de moi-même.
Je ne m'abaisse point jusqu'à prouver mes droits,
Et je sais que le fer est la raison des Rois.
Tu crains que dans l'Europe on entende mes plaintes;
Mais je te puis ici porter d'autres atteintes.
Songe que dans ces murs un peuple factieux,
Toujours prêt à pousser un cri séditieux,

Cruel dans ses retours, extrême en ses offenses,
Peut encore à mon cœur préparer des vengeances,
Et m'offrir un plus sûr et plus facile appui
Que ces Rois toujours lents à s'armer pour autrui.
Il faut ou m'immoler, ou me craindre sans cesse.
Peut-être rougis-tu d'accabler la foiblesse
D'un sexe qui souvent est dédaigné du tien ;
Va, crois que Marguerite est au-dessus du sien.

ÉDOUARD.

Je vois à quel excès la fureur vous égare ;
Mais ce n'est point à vous de me croire barbare.
Contre vous autrefois, me guidant aux combats,
Mon père malheureux a trouvé le trépas.
Par des tributs sanglans j'ai pu le satisfaire ;
Je n'imputai sa mort qu'aux hasards de la guerre.
Je sais vous pardonner ces impuissans éclats,
Qui consolent le foible et ne le vengent pas.
J'honore vos vertus, je l'avouerai sans feindre ;
Je puis vous admirer, mais je ne puis vous craindre.
Calmez votre douleur auprès de votre fils ;
Allez, son entretien va vous être permis.
Peut-être en le voyant votre reconnoissance
Avouera que mon cœur a connu la clémence.

MARGUERITE.

Son état et le mien, ses pleurs et mes regrets
M'apprendront quel retour je dois à tes bienfaits.
Adieu.

SCÈNE III.

ÉDOUARD, SUFFOLCK, GARDES.

ÉDOUARD.

Je plains les maux de cette ame irritée.
Ah! prends pitié d'une ame encor plus tourmentée!
Cher ami, tout mon cœur est ouvert à tes yeux;
Tu l'as connu long-tems et noble et vertueux.
Peut-être il l'est encore, et fait pour toujours l'être...
De moi-même à ce point l'amour est-il le maître?
Cet amour jusqu'ici vainement combattu,
Dont rougit ma raison, dont frémit ma vertu,
Qui va marquer un terme à ma gloire flétrie,
Et qui pourtant, hélas! m'est plus cher que ma vie!
Tu dois t'en souvenir, tu sais que dès le jour
Où ces attraits nouveaux brillèrent dans ma Cour,
J'éprouvai, je sentis ce charme inexprimable,
Ces mouvemens soudains d'un penchant indomptable,
Ces premiers feux d'un cœur qui n'avoit point aimé.
Surpris de mon état, de moi-même alarmé,
Je vis tous les dangers de ma folle tendresse.
Hélas! sans la dompter on connoit sa foiblesse.
Tu vois ce que j'ai fait; j'ai craint que dans ces lieux
Le retour de Warwick ne traversât mes vœux;
J'ai frémi de me voir, confus à ses approches,
Exposé sans défense à ses justes reproches.
Je hâte cet hymen; j'ai voulu prévenir
Ce moment pour mon cœur si rude à soutenir;

Et ce cœur qui long-tems trembla près de l'abîme,
Pour finir ses combats, précipite son crime.

SUFFOLCK.

Sans doute qu'aujourd'hui, prêt à former ces nœuds,
Vous en avez prévu les effets hasardeux.
L'amour excuse tout, alors qu'il est extrême.
Votre ame, en s'y livrant, se condamne elle-même ;
Mais l'objet qui pour lui vous fait tout oublier,
En partageant vos feux, doit les justifier.

ÉDOUARD.

L'aimable Élisabeth, au printems de son âge,
Peut-être de l'amour ignorant le langage,
M'a fait voir jusqu'ici, dans sa timidité,
Ce trouble intéressant qui sied à la beauté.
Moi-même, je l'avoue, interdit devant elle,
Rougissant malgré moi de mon erreur nouvelle,
Commençant des discours que je n'achevois pas,
Je n'ai presque parlé que par mon embarras.
Mais j'ai peine à penser qu'une plus chère flamme
Ait surpris sa jeunesse et me ferme son ame :
Elle a peu vu l'époux qui lui fut destiné.
On écoute sans peine un amant couronné,
Offrant avec sa main le sceptre d'Angleterre.
Enfin je l'aime assez pour apprendre à lui plaire.
C'est Warwick qui produit mes troubles inquiets :
Je songe à son courroux et plus à ses bienfaits.
Je détruis dans ses mains les fruits de sa prudence ;
Je l'expose lui-même au mépris de la France.

ACTE I, SCÈNE III.

Et qui sait, dans l'ardeur de ses ressentimens,
Jusqu'où peuvent aller ses fiers emportemens?

SUFFOLCK.

Peut-être vos débats vont rallumer la guerre.

ÉDOUARD.

C'est un astre sanglant qui luit sur l'Angleterre.
De Lancastre et d'Yorck les partis opposés,
Ont fait couler le sang des peuples écrasés.
L'Anglais environné du meurtre et des ravages,
A compté jusqu'ici ses jours par des orages.
A peine il semble enfin goûter quelque repos;
Faut-il que je l'expose à des malheurs nouveaux!
C'est en toi, cher Suffolck, que mon espoir réside.
Qu'aux remparts de Paris mon intérêt te guide;
Vole et préviens Warwick; ne lui déguise rien.
Va, mon cœur n'est pas fait pour abuser le sien.
Peins lui tout mon amour et toute mon ivresse;
Et si son amitié pardonne ma foiblesse,
Qu'il élève ses vœux à l'hymen de ma sœur;
Que ce nœud de plus près l'attache à ma grandeur.
Toujours l'ambition fut sa première idole;
L'amour n'est à ses yeux qu'un prestige frivole.
Élisabeth sur lui n'a point cet ascendant
Qui semble humilier un cœur indépendant,
Qui subjugue le mien trop flexible et trop tendre.
A des nœuds plus brillans son orgueil va prétendre:
Oui, j'ose l'espérer.

SUFFOLCK.

Mais Louis irrité
De voir rompre l'hymen entre vous arrêté,
Peut demander bientôt raison de cette injure.

ÉDOUARD.

Sans cet hymen forcé, la paix peut se conclure.
Trop occupé lui-même en ses propres états,
Il n'ira point donner le signal des combats.
Fameux par l'artifice et non par la victoire,
Jaloux de la puissance et non pas de la gloire,
Ce prince malheureux, dans le sein de la paix,
Est accablé du soin d'opprimer ses sujets;
Et pour assurer mieux la paix où je l'invite,
Je prétends, sans rançon, lui rendre Marguerite.
De Lancastre, en mes mains, je retiendrai le fils,
Rejeton dangereux, cher à mes ennemis.
Toi, ne perds point de tems.

SCÈNE IV.

ÉDOUARD, SUFFOLCK, UN OFFICIER,

GARDES.

L'OFFICIER.

Seigneur, Warwick arrive.
Le peuple impatient s'empresse sur la rive.
On veut voir ce héros trop long-tems attendu,
Que l'Europe contemple, et qui vous est rendu.

ÉDOUARD.

(L'Officier sort.)

Il suffit. Laissez-nous. O ciel! quel coup de foudre!
Que pourrai-je lui dire, et que dois-je résoudre?
Warwick est dans ces lieux! ô soins trop superflus!
D'une vaine prudence ô projets confondus!
Allons, à ses regards avant que de paroître,
Amis, viens éclairer, viens raffermir ton maître.
Il est sensible, il aime, il se juge.... ah! ce cœur,
Qui de ses passions voudroit être vainqueur,
Qui respect Warwick, qui le craint et qui l'aime,
N'oubliera pas, crois moi, ce qu'il doit à soi-même;
Et que parmi les maux qui causent mon effroi,
Le malheur d'être injuste est le plus grand pour moi.

FIN DU PREMIER ACTE.

ACTE SECOND.

SCÈNE I.

WARWICK, SUMMER.

WARWICK.

Je ne m'en défends pas; ces transports, cet hommage,
Tout ce peuple à l'envi volant sur le rivage,
Prêtent un nouveau charme à mes félicités.
Ces tributs sont bien doux, quand ils sont mérités.
J'ai placé sur le trône un Roi digne de l'être.
Londres ne verra plus son méprisable maître,
Henri, dans la langueur tombé presque en naissant,
Et d'une épouse altière esclave obéissant.
Entre deux nations, rivales et hautaines,
Ma prudence du moins a suspendu les haines :
Louis à notre Roi vient d'accorder sa sœur.
Du trône d'Angleterre, à peine possesseur,
Édouard, par mes soins, ne craint plus que la France
S'efforce de troubler sa nouvelle puissance.
Voilà ce que j'ai fait, Summer, et je me vois
L'arbitre, la terreur et le soutien des Rois.

SUMMER.

Tous ces titres brillans vont s'embellir encore
Des faveurs dont l'amour vous comble et vous honore;
L'hymen d'Élisabeth promis à votre ardeur....

WARWICK.

ACTE II, SCÈNE I.

WARWICK.

L'amour qu'elle m'inspire est digne d'un grand cœur.
Sur le point de former cette chaine si belle,
L'intérêt de mon roi soudain m'éloigne d'elle.
Je reviens à ses pieds plus grand, plus glorieux.
Quelqu'un vient : c'est le roi qui marche vers ces lieux.
Cours chez Élisabeth. Mon ame impatiente
Veut hâter le moment de revoir mon amante.

SCÈNE II.

ÉDOUARD, WARWICK, GARDES.

WARWICK.

Vos desseins sont remplis, vos vœux sont satisfaits,
Sire ; j'apporte ici l'alliance et la paix.
L'hymen y joint ses nœuds : une illustre Princesse,
Digne, par les vertus dont brille sa jeunesse,
De fonder l'union de deux Rois tels que vous,
Va traverser les mers pour chercher son époux.
Louis me l'a promis, et votre ami fidèle,
Warwick, est trop heureux de vous prouver son zèle
Par des soins vigilans autant que par son bras,
Et dans la cour des Rois comme dans les combats.

ÉDOUARD.

Je sais ce que mon cœur doit de reconnoissance
A ce zèle constant qui fonde ma puissance.
Mais, pour ne rien cacher de l'état où je suis,

Le sort ne permet pas que j'en goûte les fruits.
Je serai, sans former cette chaîne étrangère,
Allié de Louis, mais non pas son beau-frère.

WARWICK.

Comment!.... daignez au moins m'expliquer ce discours.
De vos premiers desseins qui peut troubler le cours?
Quoi! les oubliez-vous? et la France offensée
Verra-t-elle...

ÉDOUARD.

En un mot j'ai changé de pensée :
Je ne puis à ce point forcer mes sentimens.

WARWICK.

Mais songez que Louis a reçu vos sermens,
Que j'ai reçu les siens, et que Warwick peut-être
N'est pas un vain garant de la foi de son maître.

ÉDOUARD.

Si je romps cet hymen entre nous préparé,
J'en dois compte à Louis et je le lui rendrai.
Mais de ces tristes nœuds mon ame détournée
Établit ses projets sur un autre hyménée :
Il n'y faut plus songer.

WARWICK.

Et quels nœuds aujourd'hui
Vous peuvent assurer un plus solide appui?
Quel traité plus utile....?

ACTE II, SCÈNE II.

ÉDOUARD.

Eh quoi ! la politique
M'imposera toujours un fardeau tyrannique ;
Et des lois qu'elle dicte esclave ambitieux,
Je serai toujours grand, sans jamais être heureux !
Je déteste ces lois, et mon cœur les abjure.

WARWICK.

Qu'entends-je ? est-ce l'amour qui vous rendroit parjure ?
Quoi ! de vos ennemis à peine encor vainqueur,
Le trône a-t-il déjà corrompu votre cœur ?
Édouard, écoutant de frivoles tendresses,
S'est-il déjà permis de sentir des foiblesses ?
Et parmi les périls renaissans chaque jour,
Avez-vous donc appris à céder à l'amour ?
Ce n'est point à ces traits qu'on doit vous reconnoître :
Un moment, à ce point, n'a pu changer mon maître.
Non, je ne le crois pas, et sans doute son cœur,
A la voix d'un ami, va sentir son erreur.

ÉDOUARD.

(à part.)　　　(haut.)
Ah ! je suis déchiré. Non, Warwick, cette flamme,
J'ose au moins m'en flatter, n'a point flétri mon ame ;
Et vous devez penser que ce cœur malheureux,
Ce cœur foible une fois est encor généreux.
Non, monté sur un trône entouré de ruines,
Et des feux mal éteints des guerres intestines,
Je ne me livre point à ces égaremens,

Des Princes amollis lâches amusemens.
D'un sentiment profond j'éprouve la puissance....
Votre seule amitié me rend quelqu'espérance....
Warwick! ah! si pour moi... Vous saurez mes desseins,
Et vous-même aujourd'hui réglerez mes destins.

SCÈNE III.

WARWICK, *seul.*

O ciel! à ce retour aurois-je dû m'attendre
Quel est ce changement que je ne puis comprendre?
Quel objet tout-à-coup a donc surpris sa foi?
Me trompé-je? la Reine avance ici vers moi :
Quoi! de son ennemi cherche-t-elle la vue?

SCÈNE IV.

MARGUERITE, WARWICK.

MARGUERITE.

Mon approche en ces lieux est sans doute imprévue.
Vous êtes étonné qu'au sein de mon malheur,
Je puisse, sans frémir, en aborder l'auteur;
Mais un motif pressant auprès de vous m'amène:
Je vous vois revenu des rives de la Seine,
Et sans doute vos soins achèvent le traité.
M'apprendrez-vous au moins quel espoir m'est resté?
Si l'on finit mes maux, si Louis s'intéresse

ACTE II, SCÈNE IV.

A la captivité d'une triste princesse ?
Aux intérêts nouveaux à vous seul confiés
Mon fils et mon époux sont-ils sacrifiés ?

WARWICK.

Vous saurez votre sort, il dépend de mon maître ;
Mais ce traité, Madame, est incertain peut-être :
Un jour, vous le savez, apporte quelquefois
D'étranges changemens dans les projets des Rois.

MARGUERITE.

Edouard pourroit-il rejeter l'alliance
Que lui-même, par vous, proposoit à la France ?
On dit que dans son cœur l'amour le plus ardent
Prend depuis quelques jours un suprême ascendant.
Pourriez-vous l'ignorer ?

WARWICK. *(A part.)*

                Que faut-il que je pense ?
A-t-il fait de ses feux éclater l'imprudence ?

MARGUERITE.

On dit plus, et peut-être allez-vous en douter,
On dit que cet objet, qu'il eût dû respecter,
Devoit s'unir bientôt, par un nœud plus prospère,
Au plus grand des guerriers qu'ait produits l'Angleterre,
A qui même Édouard doit toute sa grandeur ;
Qu'Édouard lâchement trahit son bienfaiteur ;
Que pour prix de son zèle et d'une foi constante,
Il lui ravit enfin sa femme et son amante :

Ce sont là ses projets, ses vœux et son espoir,
Et c'est Élisabeth qu'il épouse ce soir.

WARWICK.

Élisabeth! ô ciel!.... Non, je ne le puis croire.
Le Roi conserve encor quelque soin de sa gloire :
On n'est pas à ce point lâche, perfide, ingrat ;
Il ne veut point se perdre et lui-même et l'état.
Il sait ce que je puis ; il connoît mon courage.
Édouard jusque-là n'a pas poussé l'outrage ;
Il ne l'a pas osé.

MARGUERITE.

Bientôt vous connoîtrez
Si j'en crois sur ce point des bruits mal assurés.
Bientôt....

WARWICK.

Je puis du moins soupçonner votre haine :
Vous voulez que vers vous la fureur me ramène ;
Vous venez dans mon cœur enfoncer le poignard...
Mais la confusion, le trouble d'Édouard....
De tant d'ingratitude, ô ciel, est-on capable !

MARGUERITE.

Pourquoi trouveriez-vous ce récit incroyable?
Lorsque l'on a trahi son prince et son devoir,
Voilà, voilà le prix qu'on en doit recevoir.
Si Warwick eût suivi de plus justes maximes,
S'il eût cherché pour moi des exploits légitimes,
Il me connoit assez pour croire que mon cœur

ACTE II, SCÈNE IV.

D'un plus digne retour eût payé sa valeur.
Adieu. Dans peu d'instans vous pourrez reconnoître
Ce qu'a produit pour vous le choix d'un nouveau
    maitre.
Vous apprendrez bientôt qui vous devez servir ;
Vous apprendrez du moins qui vous devez haïr.
Je rends grâce aux destins : oui, leur faveur commence
A me faire aujourd'hui goûter quelque vengeance ;
Et j'ai vu l'ennemi qui combattit son Roi,
Puni par un ingrat qu'il servit contre moi.

SCÈNE V.

WARWICK, *seul.*

Je rejète un soupçon peut-être légitime :
Ah ! mon cœur n'est pas fait pour concevoir un crime.
Je n'ai pas dû penser, quand j'allois le servir,
Que mon Roi, mon ami fût prêt à me trahir.

SCÈNE VI.

WARWICK, SUMMER.

SUMMER.

Oserai-je annoncer ce que je viens d'apprendre ?
Élisabeth....

WARWICK.

        Arrête... ah ! je crains de t'entendre.
Tu viens pour confirmer ces horribles récits...
Eh bien ? Élisabeth ?... achève... je frémis.

SUMMER.

Elisabeth, Seigneur, va vous être ravie.
C'est d'elle que j'ai su toute la perfidie,
Les indignes complots préparés contre vous :
Edouard veut ce soir devenir son époux,
Et son père, ébloui de ce rang si funeste,
Abandonne sa fille aux nœuds qu'elle déteste.
Elle cherche l'instant de vous entretenir.

WARWICK.

De cet excès d'horreur je ne puis revenir.
Allons, je ne prends plus que ma rage pour guide,
Et je veux qu'Edouard... Je l'aimois le perfide !
Je sens pour le haïr qu'il en coûte à mon cœur....
Peut-on porter plus loin la fourbe et la noirceur !

SUMMER.

Il ne peut, sans vous perdre, obtenir ce qu'il aime.
Il doit vous redouter ; redoutez-le lui-même.
Si de vos intérêts vous écoutez la loi...

WARWICK.

Que d'affronts réunis ! étoient-ils faits pour moi !
Ah ! qu'un vil courtisan, qu'un père impitoyable
Envers sa fille et moi se soit rendu coupable ;
Qu'il ait conçu l'espoir, en me manquant de foi,
De briller près du trône à côté de son Roi ;
J'excuse, avec mépris, sa basse complaisance :
Je le dédaigne trop pour en tirer vengeance.

ACTE II, SCÈNE VI.

Mais que plus criminel et plus lâche en effet,
Édouard sans rougir.... il le veut.... c'en est fait.
O toi, par tant d'amour à mon sort enchaînée,
O chère Elisabeth à mes vœux destinée ;
Cieux, témoins des transports de Warwick outragé,
Je jure ici par vous que je serai vengé.
Entendez le serment que ma bouche prononce,
Signal affreux des maux que ma fureur annonce.

SCÈNE VII.

WARWICK, ÉLISABETH.

WARWICK.

Ah ! madame, venez enflammer mon courroux ;
Mon amour, ma vengeance avoient besoin de vous :
Tous deux en vous voyant s'irritent dans mon ame.
J'ai su de mon rival l'audacieuse flamme,
J'ai su tous ses projets, et je connois trop bien
Les vertus de ce cœur qui triompha du mien,
Pour croire qu'il ait pu, s'avilissant lui-même,
Sacrifier Warwick à la grandeur suprême.
Un lâche à son amour alloit vous immoler ;
Mais je suis près de vous, c'est à lui de trembler.
Le ciel m'a ramené pour prévenir le crime :
Ne craignez plus qu'ici son pouvoir vous opprime.
C'est moi qui vous défends, moi qui veille sur vous,
Moi qui suis votre appui, votre amant, votre époux;
Votre vengeur encore, et vous allez connoître

Si Warwick aisément est le jouet d'un traître,
S'il est ou dangereux ou sensible à demi,
S'il confond un ingrat comme il sert un ami.

ÉLISABETH.

De mon père, il est vrai, l'injuste tyrannie
A ces tristes liens a condamné ma vie,
Et mon cœur, loin de vous, vous adressoit, hélas!
Des regrets impuissans que vous n'entendiez pas :
Je demandois Warwick; dans mon impatience,
Ma voix vous appeloit des rives de la France,
Et votre Élisabeth, dans l'horreur de son sort,
Au défaut de Warwick eût imploré la mort.
Enfin je vous revois, vous essuyez mes larmes.
Je ne puis cependant vous cacher mes alarmes :
Je crains que le transport de ce cœur indomté
Avec trop d'imprudence ici n'ait éclaté.
On ne peut d'Édouard ignorer les tendresses;
Les maîtres des humains cachent-ils leurs foiblesses!
Toujours des yeux perçans sont ouverts à la cour.
Croyez qu'instruits déjà de ce fatal amour,
Vos détracteurs secrets, vous en avez sans doute,
Veulent sur vos débris se frayer une route;
Et pour perdre un héros toujours craint ou haï,
Il suffit d'un Roi foible et d'un lâche ennemi.

WARWICK.

Moi, garder le silence! et pourquoi me contraindre?
Quand je suis offensé, c'est moi que l'on doit craindre.
Et quel péril encor pouvez-vous redouter?

Un pouvoir que j'ai fait peut-il m'épouvanter ?
Me verrai-je braver aux yeux de l'Angleterre ?
On dira que Warwick si vanté dans la guerre,
Ce mortel renommé, fameux par tant d'exploits,
Qui créa, qui servit, qui détruisit des rois,
Infidèle à sa gloire autant qu'à sa tendresse,
N'a su ni conserver ni venger sa maitresse !
Je rougis d'y penser... Non, non, je puis encor
Disposer de l'état et commander au sort ;
A Lancastre abattu rendre son héritage,
Renverser Édouard et briser mon ouvrage.

ÉLISABETH.

Warwick... ah ! cher amant, hélas ! il m'est bien doux
De sentir à quel point je puis régner sur vous.
C'est mon seul intérêt que votre amour embrasse ;
C'est pour moi qu'il frémit, c'est pour moi qu'il menace.
A mon cœur éperdu vous rendez le repos ;
Eh ! connoit-on la crainte à côté d'un héros !
Mais pourquoi présenter à mon ame attendrie
Le spectacle effrayant des maux de ma patrie ?
Quoi ! ne pouvez-vous rien sur le cœur d'Édouard,
Sans aller de la guerre arborer l'étendard ?
Un ami tel que vous n'a-t-il pas droit d'attendre
Que sa présence seule....

WARWICK.

     Eh ! qu'en puis-je prétendre ?
N'a-t-il pas devant moi hautement abjuré

Cet hymen glorieux par moi seul préparé ?
Il suit aveuglément ses amoureux caprices.
Envers moi, s'il se peut, comptez ses injustices
Et les crimes d'un cœur à son amour soumis,
Pour qui tous les devoirs semblent anéantis.
Tandis que loin de vous, pour lui, pour sa puissance,
Je m'expose aux tourmens d'une cruelle absence,
Que fait-il cependant ? Comment m'a-t-il traité ?
Il me rend le jouet de sa légèreté ;
Il me fait vainement engager ma parole,
Et signer un traité frauduleux et frivole.
C'est peu : qui choisit-il enfin pour m'outrager ?
Non, sans frémir encor, je ne puis y songer,
C'est l'objet, le seul bien dont mon ame est jalouse,
Le prix de mes travaux, c'est vous, c'est mon épouse.
Ah ! cet enchaînement, ce tissu de noirceurs
Ajoute à chaque instant à mes justes fureurs.
Il en verra l'effet ; il faut qu'il soit terrible:
Je suis, je suis encor ce Warwick invincible ;
J'ai pour moi l'équité, mon nom et mes exploits.
Je paroitrai dans Londre, on entendra ma voix.
On verra d'un côté l'appui de l'Angleterre,
Warwick, de ses travaux demandant le salaire,
Indigné des affronts qu'il n'a pas mérités,
Et de l'ingrat Yorck comtant les lâchetés ;
Et de l'autre on verra, confus en ma présence,
Édouard aux grandeurs porté par ma vaillance,
Qui, sans moi, dans l'exil ou la captivité
Cacheroit sa misère et son obscurité.

ACTE II, SCÈNE VII.

Ce peuple est généreux, il m'aime et l'on m'offense :
Entre Édouard et moi pensez-vous qu'il balance?

ÉLISABETH.

Écoutez-moi, Warwick : votre cœur ulcéré
Dans ses emportemens est peut-être égaré.
Je ne puis croire encore Édouard inflexible :
A la gloire, aux vertus vous l'avez vu sensible.
Sans doute il ne sait pas, en demandant ma foi,
Combien ce joug brillant seroit affreux pour moi.
Mes larmes n'ont coulé que sous les yeux d'un père.
J'ai craint de trop braver les traits de sa colère,
Si devant Édouard j'eusse attesté nos nœuds;
Si j'avois avoué que ce cœur généreux
Se plaît à préférer, acceptant votre hommage,
Le héros bienfaiteur au prince son ouvrage;
Et que fier de s'unir à vos nobles destins,
Il voit dans son amant le premier des humains.
Mais j'oserai parler : on saura mes promesses,
J'avouerai, sans rougir, l'excès de mes tendresses;
J'avouerai que l'instant où j'irois à l'autel
Seroit pour moi l'arrêt d'un malheur éternel.
Et quel homme, implacable en sa rage inhumaine,
Au défaut de l'amour veut mériter la haine,
Et s'assurer du moins cet horrible plaisir
De déchirer un cœur qu'il n'a pu conquérir?
Édouard, croyez-moi, n'a point ce caractère.
Laissez de vos destins ma voix dépositaire;
Laissez-moi balancer les vœux de deux grands cœurs.

Que Warwick, modérant ses bouillantes fureurs,
Dépose entre mes mains, s'il daigne ici m'en croire,
L'intérêt de ses feux et celui de sa gloire.

WARWICK.

Édouard, je le vois, ne vous est pas connu :
Dans le fond de son cœur j'ai déjà tout perdu.
Peut-être, dès long-tems, je lui portois ombrage.
En rompant un traité dont j'ai fait mon ouvrage,
Il prétend annoncer ma chute au peuple anglais.
Mon absence aux complots ouvroit un libre accès ;
De ceux qu'on a formés je reconnois la trace :
C'est ainsi qu'à la Cour commence la disgrâce.
Je prévois tous les coups que je vais essuyer :
Déchoir du premier rang c'est tomber au dernier.
A de pareils revers la faveur est soumise,
Et peut-être déjà ma dépouille est promise.
Mais cet espoir encor peut être confondu :
Je ne tomberai pas sans avoir combattu.
L'anglais, indépendant et libre autant que brave,
Des caprices de cour ne fut jamais esclave.
Nous ne l'avons point vu régler jusqu'à ce jour
Sur la faveur des rois sa haine ou son amour.
Contre un tel préjugé son âme est aguerrie ;
Souvent contre le trône il défend la patrie :
Ses Rois le savent trop. Ce peuple citoyen
Ose attaquer leur choix et soutenir le sien.
Nul à ses Souverains ne rend autant d'hommage ;
Mais sous ces vains respects, consacrés par l'usage,

ACTE II, SCÈNE VII.

Il garde une fierté qu'ils craignent d'éprouver ;
Il les sert à genoux, mais il sait les braver.

ÉLISABETH.

Oui, je sais ce qu'il peut : que de maux, que de crimes
Produiront des fureurs qu'il croira légitimes !
Prévenons ce désastre, et ne présentez plus
Un avenir horrible à mes sens éperdus.
Laissez-vous désarmer à ma voix suppliante,
Et cédez, sans rougir, aux pleurs de votre amante.

WARWICK.

Eh bien ! vous le voulez, et pour quelques momens
Je suspendrai l'ardeur de mes ressentimens :
Vous seule sur mon ame avez pris cet empire.
Mais si n'écoutant rien que l'ardeur qui l'inspire,
Édouard aujourd'hui persiste à m'outrager,
Je ne le connois plus, et je cours me venger.

FIN DU SECOND ACTE.

ACTE TROISIÈME.

SCÈNE I.
MARGUERITE, NEVIL.

MARGUERITE.

Tout semble confirmer l'espoir dont je me flatte :
Entre mes ennemis déjà la haine éclate ;
Warwick est furieux, et mon adresse encor
A su de son courroux échauffer le transport ;
Je saurai faire plus : je saurai le conduire.
J'ai frémi d'un projet dont on vient de m'instruire :
Il veut voir Édouard ; ce fatal entretien
Pourroit anéantir mon espoir et le sien.
Le comte est violent, et sa superbe audace
Brûle de prodiguer l'injure et la menace.
Mais contre un ennemi c'est peu de s'emporter ;
Je veux qu'il le détruise au lieu de l'insulter,
Et ne se livre pas, dans sa fière imprudence,
Au plaisir dangereux d'annoncer la vengeance.

NEVIL.

Peut-il, de vos amis à peine secondé,
Renverser un pouvoir que lui-même a fondé ?

MARGUERITE.

Va, pour renouveler nos sanglantes querelles,
Un souffle peut encor tirer des étincelles
Du feu qui vit sans cesse au sein de ces climats,

Et

ACTE III, SCÈNE I.

Et qu'ont nourri trente ans de haine et de combats.
Oui, de Lancastre ici le parti peut renaître :
Cet orgueilleux Sénat qui veut parler en maître,
Mais qui du plus heureux suivant toujours la loi,
Trembloit devant Warwick en proscrivant son Roi ;
Qui n'a su qu'outrager une reine impuissante,
Fléchira devant moi, s'il me voit triomphante.
Le farouche Écossais que l'on veut opprimer,
Qui contre ses tyrans est tout prêt à s'armer,
Et du haut de ses monts, contre un joug qui l'offense
Lutte et défend encor sa fière indépendance ;
Ce peuple, qu'en secret je soulève aujourd'hui,
A mes justes desseins prêtera son appui.

NEVIL.

Mais l'Anglais fatigué de discorde et de guerre....

MARGUERITE.

L'Anglais ne peut goûter qu'une paix passagère,
Ne crois pas qu'Édouard triomphe impunément :
Mets-toi devant les yeux l'affreux enchaînement
De meurtres, de forfaits dont la guerre civile
A depuis si long-tems épouvanté cette île ;
Songe au sang dont nos yeux ont vu couler des flots,
Sous le fer des soldats, sous le fer des bourreaux ;
Vois d'un deuil éternel l'Angleterre couverte,
Où d'un père, où d'un fils chacun pleure la perte :
Tous nés pour la vengeance en nourrissent l'espoir,
Et pour eux, en naissant, c'est le premier devoir.
Que te dirai-je enfin ? le sang et le ravage

Ont endurci ce peuple, ont irrité sa rage ;
Et par de longs combats au carnage exercé,
Il conserve la soif du sang qu'il a versé.

NEVIL.

Ainsi donc de Warwick si long-tems ennemie,
L'intérêt vous rapproche et vous réconcilie.
Votre cœur engagé dans ses nouveaux projets
Auroit-il oublié les maux qu'il vous a faits ?

MARGUERITE.

Non ; j'ai par le malheur appris à me contraindre,
Je sais cacher ma haine et ne sais point l'éteindre.
Si l'inconstant Warwick, aigri contre son Roi,
Veut relever Lancastre et s'unir avec moi,
Je sais apprécier ce retour politique :
Je ne souffrirai point qu'un sujet despotique,
De l'État avili bravant toutes les lois,
Ait le droit insolent d'épouvanter ses Rois,
Ni qu'en servant son maître il apprenne à lui nuire.
Édouard aujourd'hui suffit pour m'en instruire :
Je ne puis oublier cet exemple récent,
Et je sais comme on traite un sujet trop puissant.
Mais on vient, et Warwick sans doute ici s'avance.
C'est le Roi. Viens, Nevil, évitons sa présence.

SCÈNE II.

ÉDOUARD, SUFFOLCK, GARDES.

ÉDOUARD.

Tu le vois, désormais tout espoir est perdu :

ACTE III, SCÈNE II.

Par des emportemens Warwick t'a répondu.
Tout sert à m'irriter et mon chagrin redouble.
Ne pourrai-je à la fin sortir d'un si long trouble?
Il faut m'en délivrer.... Que l'on nous laisse ici ;
Qu'on éloigne surtout Warwick.... Ciel!

SCÈNE III.
ÉDOUARD, WARWICK, SUFFOLCK, GARDES.

WARWICK.

Le voici !
Je ne m'attendois pas, Sire, que la fortune
Dût vous rendre sitôt ma présence importune ;
Que jamais contre moi le courroux du destin,
Pour préparer ses traits, empruntât votre main.
Je n'ai pu le penser, je n'ai pu le comprendre ;
Enfin de votre part il m'a fallu l'apprendre.
C'est ainsi que par vous je suis récompensé ;
Voilà le sort brillant qui me fut annoncé,
Ce bonheur et ces jours de gloire et de délices,
Apanage éclatant promis à mes services.
Rappelez-vous ici ce jour, ce jour affreux,
Ce combat si funeste, et ces champs malheureux
Où, du destin cruel éprouvant la colère,
Sur des monceaux de morts expira votre père.
Tout couvert de son sang et combattant toujours,
Le fer des ennemis alloit trancher vos jours,
Je volai ; jusqu'à vous je me fis un passage.
Mon bras ensanglanté vous sauva du carnage,
Et bientôt sur mes pas, aidé de mes amis,

De vos guerriers vaincus j'assemblai les débris.
« Warwick, me disiez-vous, prends soin de ma jeu-
» nesse;
» C'est dans tes mains, Warwick, que le destin me
» laisse;
» Sois mon guide et mon père, et je serai ton fils.
» Conduis-moi vers ce trône où je dois être assis;
» Viens, combats, et sois sûr que ma reconnoissance
» Te fera plus que moi jouir de ma puissance. »
Tels étoient vos discours, je les crus; et ma main
S'arma pour vous venger et changea le destin.
Je vis fuir devant moi cette reine terrible,
J'acquis en vous servant le titre d'invincible.
Sans doute qu'à vos yeux de si rares bienfaits,
Ne pouvant s'acquitter, passent pour des forfaits.
Mais du moins envers vous je n'en commis point
    d'autres;
Je frémirois ici de retracer les vôtres :
Vous avez tout trahi, l'honneur et l'amitié,
Ingrat, et c'est ainsi que vous m'avez payé.

ÉDOUARD.

Modérez devant moi ce transport qui m'offense.
Vantez-moi vos exploits : j'en connois l'importance;
Mais sachez qu'Édouard, arbitre de son sort,
Auroit trouvé sans vous la victoire ou la mort;
Vous n'en pouvez douter : vous devez me connoître.
Et quels sont donc enfin les torts de votre maître?
Je vous promis beaucoup, vous ai-je donné moins?

ACTE III, SCÈNE III.

Le rang où près de moi vous ont placé mes soins,
L'éclat de vos honneurs, vos biens, votre puissance,
Sont-ils de vains effets de ma reconnoissance?
Il est vrai, j'ai cherché l'hymen d'Élisabeth :
N'ai-je pu faire au moins ce qu'a fait mon sujet?
Et m'est-il défendu d'écouter ma tendresse,
De brûler pour l'objet où votre espoir s'adresse?
Que me reprochez-vous? suis-je injuste ou cruel?
L'ai-je, comme un tyran, fait traîner à l'autel?
Je me suis, comme vous, efforcé de lui plaire;
Je me suis appuyé de l'aveu de son père;
J'ai demandé le sien et, s'il faut dire plus,
Elle n'a point encore expliqué ses refus.
Laissez-moi jusque-là me flatter que ma flamme
Que mes soins empressés n'offensent point son ame,
Et qu'un cœur qui du vôtre a mérité les vœux
Peut être, malgré vous, sensible à d'autres feux.

WARWICK.

Quand vous n'auriez pas su, puisqu'il faut vous l'apprendre,
Que nos cœurs sont unis par l'amour le plus tendre,
J'avois cru, je veux bien l'avouer entre nous,
Avoir acquis des droits assez puissans sur vous
Pour ne vous voir jamais essayer de séduire
L'objet qui m'a su plaire et le seul où j'aspire.
Je me suis bien trompé, je le vois, mais enfin
Il reste à mon amour un espoir plus certain.
Sur le choix de mon cœur vous pouvez entreprendre,

Je dois en convenir ; mais je puis le défendre :
Vous n'avez pas pensé sans doute qu'aujourd'hui
L'amante de Warwick demeurât sans appui.
Jamais Élisabeth ne me sera ravie,
Ou vous ne l'obtiendrez qu'aux dépens de ma vie.
Jamais impunément je ne fus offensé.

ÉDOUARD.

Jamais impunément je ne fus menacé ;
Et si d'une amitié qui me fut long-tems chère
Le souvenir encor n'arrêtoit ma colère,
Vous en auriez déjà ressenti les effets ;
Peut-être cet effort vaut seul tous vos bienfaits.
Ne poussez pas plus loin ma bonté qui se lasse,
Et ne me forcez point à punir votre audace.
Édouard peut d'un mot venger ses droits blessés,
Et fût-il votre ouvrage, il est Roi, c'est assez.

WARWICK.

Oui, j'aurois dû m'attendre à cet excès d'injure :
Toujours le sang d'Yorck fut ingrat et parjure.
Mais du moins....

ÉDOUARD.

    C'en est trop. Holà, Gardes, à moi !

WARWICK.

Lâches, n'avancez pas, craignez Warwick ; et toi,
Toi qui me réservois cet horrible salaire,
Immole le guerrier qui t'a servi de père ;
Prends ce fer de ma main, frappe un cœur que tu hais.

ACTE III, SCÈNE III.

Va, tu peux d'un seul coup payer tous mes bienfaits ;
Frappe, dis-je.

(Il jette son épée aux pieds du Roi.)

SCÈNE IV.
ÉDOUARD, WARWICK, ÉLISABETH, SUFFOLCK, GARDES.

ÉLISABETH.

Que vois-je, ô ciel ! ô jour funeste !
Hélas ! par vos vertus, par ce ciel que j'atteste,
Écoutez-moi, Seigneur ; c'est moi qu'il faut punir
De ces tristes débats que j'ai dû prévenir.
Oui, j'aurois dû plutôt, vous découvrant mon ame,
Étouffer dans la vôtre une imprudente flamme ;
Et si l'amour hélas ! vous soumet à sa loi,
Ah ! vous devez sentir ce qu'il a pu sur moi.
Oui, j'aime dans Warwick ce vertueux courage
Dont je l'ai vu pour vous faire un si noble usage ;
Mon cœur dans ce penchant par vous-même affermi,
Dans cet illustre amant chérissoit votre ami.

WARWICK.

Vous croyez l'attendrir, vous vous trompez, Madame.
Cet aveu, je le vois, irrite encor son ame ;
Et livré tout entier à sa funeste ardeur,
Il voudroit accabler son triste bienfaiteur ;
Il voudroit à l'autel vous traîner sur ma cendre :
C'est mon sang qu'il lui faut, qu'il brûle de répandre.
Mais avant qu'à vos yeux il puisse s'y plonger,

Il doit craindre peut-être encor plus d'un danger.
Adieu.
(Il sort.)
ÉDOUARD.
Suivez ses pas, allez, et qu'on l'arrête;
Qu'on l'enferme à la tour.

SCÈNE V.
ÉDOUARD, ÉLISABETH.
ÉLISABETH.
Quel orage s'apprête?
Qu'allez-vous ordonner? qu'allez-vous faire? ô ciel,
L'amour étoit-il fait pour vous rendre cruel!
ÉDOUARD.
Non, je veux prévenir une révolte ouverte;
Je veux son châtiment, et ne veux point sa perte.
Votre cœur devant moi s'est pour lui déclaré;
Le mien est pour vous deux tour à tour déchiré.
Bravé par un sujet et haï de vous-même,
J'aurois pu tout permettre à ma fureur extrême;
Peut-être j'aurois dû dans son coupable sang
Laver l'indigne affront qu'il faisoit à mon rang.
Mais mon cœur frémiroit d'un transport si féroce;
L'amour ne m'apprend point cette vengeance atroce,
Et dans les mouvemens dont je suis combattu,
Je sais entendre encor la voix de la vertu.
Vous le voyez, Madame, et du moins votre maître,
S'il n'est aimé de vous, étoit digne de l'être.
ÉLISABETH.
Eh bien! si la vertu commande à votre cœur,

De vous-même aujourd'hui sachez être vainqueur.
Oubliez d'un amant l'imprudence excusable.
Ah! Warwick à vos yeux peut-il être coupable?
Et pourriez-vous haïr un héros votre appui?
S'il vous ose outrager, soyez plus grand que lui:
Osez lui pardonner. Pour punir une offense,
La générosité peut plus que la vengeance.
En excusant ses torts, en lui rendant son bien,
Faites-vous applaudir d'un cœur tel que le sien.
Songez que sur l'amour cette illustre victoire
Au-dessus de Warwick élève votre gloire,
Et me fait à jamais une bien chère loi
D'adorer mon amant et d'admirer mon Roi.

ÉDOUARD.

Qui moi, lorsqu'un sujet me brave et me menace,
J'irois récompenser sa criminelle audace!
Moi, je pourrois ici....!

SCÈNE VI.

ÉDOUARD, ÉLISABETH, SUFFOLCK, GARDES.

SUFFOLCK.

      Le comte est arrêté.
Même en obéissant il gardoit sa fierté;
Ses regards menaçans appeloient la vengeance.
Il a suivi mes pas dans un morne silence,
Mais ce peuple qui l'aime, et dont il fut l'appui,
Paroissoit murmurer et s'émouvoir pour lui.

ÉDOUARD.
(à Élisabeth.)

Eh bien! vous l'entendez, et le sort implacable
Ajoute à tout moment à l'horreur qui m'accable.
(à Suffolck.)
J'en saurai triompher. Va, ne crains rien pour moi :
Si Londres se soulève, il connoitra son Roi.
De mes gardes ici rassemble les cohortes,
Et que de ce palais ils occupent les portes.
L'audacieux Warwick espère vainement
M'épouvanter des cris de ce peuple insolent.
(à Élisabeth.)
Vous ne le verrez point l'emporter sur son maître.
C'est cet amour fatal que vous avez fait naître,
Qui remplissant un cœur de vous seul occupé,
Empoisonne les traits dont le sort m'a frappé.

ÉLISABETH.

Il faut tout réparer : cet effort est possible.
Plus que vous ne pensez ce moment est terrible.
Laissons-là cet amour fait pour vous aveugler ;
Un plus grand intérêt me force à vous parler :
C'est celui de l'État. Une Reine ennemie,
De vos divisions déjà trop avertie,
Va sur votre ruine élever ses destins ;
Elle attise les feux allumés par vos mains ;
Sa haine vous poursuit, sa fierté vous menace,
Et j'ai vu sur son front l'espérance et l'audace.
De vingt mille proscrits les malheureux enfans

Sont prêts à la servir dans ses ressentimens.
Ils entendirent tous, au jour de leur naissance,
Autour de leur berceau le cri de la vengeance.
Voulez-vous leur donner un chef, un défenseur,
Réunir Marguerite à son fier oppresseur?
N'armez point un guerrier que ce peuple idolâtre;
Craignez de rappeler, sur ce sanglant théâtre,
Des spectacles affreux et des scènes d'horreur;
Craignez, pour satisfaire un instant de fureur,
De rouvrir aujourd'hui des blessures récentes
Que déjà vous fermiez de vos mains bienfaisantes.
Warwick a trop sans doute écouté son courroux;
Mais il ne vous hait point, il est encore à vous;
Et dans l'emportement d'une ame fière et tendre,
Le cri de l'amitié sembloit se faire entendre.
Je cours auprès de lui, je lui ferai sentir
Qu'il s'est trop oublié, qu'il doit se repentir;
Je lui rappellerai qu'Édouard est son maître.
Vous, de vos passions songez du moins à l'être;
Songez quels ennemis vous allez déchaîner.
Si mes soins sur vous deux ne pouvoient rien gagner,
Par vous deux de l'État la perte se consomme;
Mais j'attends d'un grand Roi la grâce d'un grand
    homme.

SCÈNE VII.

ÉDOUARD, *seul.*

Et c'est donc là le cœur qu'un sujet m'a ravi!
Possesseur d'un trésor qu'envain j'ai poursuivi,

A son triomphe encore il joint tant d'insolence !
C'en est trop d'outrager mes feux et ma puissance.
Il verra qu'Édouard, instruit de tous ses droits,
S'il n'a ceux des amans, défendra ceux des Rois.

FIN DU TROISIÈME ACTE.

ACTE QUATRIÈME.
La Scène est dans la Prison.

SCÈNE I.
WARWICK, seul.

Jour affreux! jour d'opprobre! après vingt ans de gloire!
Quoi! je suis dans les fers! ah! l'aurois-je pu croire
Qu'Édouard, se portant à ce terrible éclat,
Exposeroit ainsi son trône et son état!
Que dis-je? il connoît mieux ce peuple et sa foiblesse:
Est-ce ainsi que pour moi son zèle s'intéresse?
Vient-il briser mes fers? m'a-t-il vengé du Roi?
Londre autant qu'Édouard est ingrat envers moi.
Un jour, un jour peut-être avec plus de puissance....
Malheureux! dans les fers peut-on crier vengeance!
Il me semble à ce mot que ces murs odieux
M'accablent de ma honte et repoussent mes vœux;
Et mes cris, en frappant ces voûtes effrayantes,
Les fatiguent en vain de plaintes impuissantes.
Mais quel ressouvenir vient m'étonner soudain?
Quel changement, ô ciel! et quels jeux du destin!
Pour l'orgueil des humains leçon rare et terrible!
C'est dans ces mêmes lieux, dans cette tour horrible,
Qu'à vivre dans les fers par moi seul condamné,
Le malheureux Henri languit abandonné.
L'oppresseur, l'opprimé n'ont plus qu'un même asile.

Hélas! dans son malheur il est calme et tranquille;
Il est loin de penser qu'un revers plein d'horreur
Enchaîne près de lui son superbe vainqueur.

SCÈNE II.

WARWICK, SUMMER.

WARWICK.

Que vois-je? se peut-il! et quel bonheur extrême!
Qui t'amène en ces lieux?

SUMMER.

　　　　　　L'ordre du Roi lui-même.
Je l'aborde en tremblant; Élisabeth en pleurs
Faisoit parler pour vous la voix de ses douleurs.
« Votre ami, m'a-t-il dit, peut mériter sa grâce,
» Mais il faut qu'il apprenne à fléchir son audace :
» Allez l'y préparer. » — Je n'ai point su, Seigneur,
A quel point il prétend abaisser votre cœur.
Je le connois ce cœur, et je sais qu'on l'outrage;
Je ressens tous vos maux; comptez sur mon courage.
Élevé près de vous, nourri dans les combats
Où j'appris si souvent à vaincre sur vos pas,
A quelque extrémité que le destin vous livre,
Mon sort est d'être à vous, ma gloire est de vous suivre:
Commandez, je vous sers.

WARWICK.

　　　　　　Ami, tu vois mon sort.
J'ai trop suivi peut-être un indiscret transport,
Aux yeux d'un Prince ingrat forfait inexcusable;

ACTE IV, SCÈNE II.

Mais tu sais qui de nous est en effet coupable.
Yorck m'a tout ravi jusqu'à ma liberté ;
L'affront que je reçois fait gémir ma fierté.
Déjà le désespoir dont mon ame est saisie
Eût épuisé ma force, eût consumé ma vie,
Si la vengeance avide, et si chère à mon cœur,
N'eût ranimé mes sens flétris par la douleur.
Ah ! comble cet espoir qui console mon ame,
Cher ami, remplis-toi de l'ardeur qui m'enflamme ;
Cours embraser les cœurs de ce peuple incertain,
Va, retrace à leurs yeux l'horreur de mon destin ;
Dis que des fers honteux enchaînent ma vaillance,
Que je n'attends plus rien que de leur assistance ;
Et s'il faut encor plus pour m'assurer leur foi,
Dis que le fier Warwick a pleuré devant toi.
Et comment ces Anglais, pour moi si pleins de zèle,
Peuvent-ils balancer à venger ma querelle ?
Des droits que j'ai sur eux est-ce là tout l'effet ?
Et Marguerite enfin...?

SUMMER.

Elle agit et se tait.
J'attends tout de ses soins : elle amasse en silence
Les traits que par ses mains doit lancer la vengeance.
Ses secrets partisans, vos amis et les siens,
Échauffent par degrés le cœur des citoyens ;
Et tous, par elle-même instruits dans l'art des brigues,
Dans ces murs alarmés ont semé leurs intrigues :
Ils disent qu'Édouard vient d'ôter aux Anglais

Un repos nécessaire et l'espoir de la paix,
Qu'il attire sur eux les armes de la France,
Qu'ils vont de tout leur sang payer son imprudence.
Votre affront les irrite, et je crois qu'en effet....

WARWICK.

Ah! qu'ils arment mon bras, et je suis satisfait.
Suivi des plus hardis pénètre cette enceinte;
Si je suis à leur tête, ils marcheront sans crainte.
J'irai vers Édouard, et nous verrons alors
S'il pourra de mon bras soutenir les efforts,
S'il pourra dans son cours arrêter ma vengeance.
Ah! je ressens déjà, je goûte par avance
Le plaisir de le voir à mes pieds renversé,
Et de lui dire : « ingrat, qui m'as trop offensé,
» Que j'ai trop bien servi, que j'ai dû mieux connoître;
» Toi qui n'étois pas fait pour te nommer mon maître,
» Vois du moins aujourd'hui si je menace en vain,
» Et reconnois Warwick en mourant par sa main. »
Mais je t'arrête trop et la fureur m'entraîne :
L'instant où je menace est perdu pour ma haine.
Je t'en ai dit assez; va, cours, vole.

SCÈNE III.

WARWICK, seul.

Ah! du moins
Si le sort secondoit et mes vœux et ses soins !....
J'écoute trop sans doute une fougue inutile :
Ce peuple est inconstant et sa faveur fragile.

Hélas!

ACTE IV, SCÈNE III.

Hélas! le malheureux, par l'espoir aveuglé,
Pleure souvent l'erreur qui l'avoit consolé.
O ciel! lorsque chargé du sort de l'Angleterre,
Triomphant dans la paix ainsi que dans la guerre,
Et d'un peuple idolâtre excitant les transports,
Heureux et tout-puissant je revoyois ces bords,
Aurois-je pu penser que tant d'ignominie
Dût sitôt éclipser cet éclat de ma vie;
Et que frappé bientôt des plus cruels revers,
Je venois dans ces murs pour y trouver des fers!

SCÈNE IV.
WARWICK, ÉLISABETH, UNE SUIVANTE.

WARWICK.

Quoi! Madame, c'est vous! le tyran qui m'outrage
Me permet ce bonheur que votre amour partage!
Il n'en est pas jaloux!.... C'en est fait, je le vois :
Vous venez me parler pour la dernière fois;
Vous venez me laisser un adieu lamentable.
Tout prêt à m'immoler, un rival implacable
Veut me montrer le bien qui par lui m'est ôté,
Et puisque je vous vois mon arrêt est porté.

ÉLISABETH.

Non, d'un sort plus heureux j'apporte le présage,
Pourvu que fléchissant ce superbe courage.....

WARWICK.

Arrêtez. Votre cœur doit épargner le mien :
Parlez-moi de vengeance, ou ne proposez rien.

ÉLISABETH.

Quoi ! rien n'adoucira votre esprit inflexible !
Édouard à ma voix a paru plus sensible.
J'ai rappelé vos soins, votre fidélité ;
Louant votre valeur, blâmant votre fierté,
J'excusois d'un amant l'altière impatience.
J'ai réclamé l'honneur et la reconnoissance,
Les nœuds qui dès long-tems sont formés entre nous ;
J'ai juré devant lui d'être toujours à vous ;
J'ai demandé la mort. Il a plaint mes alarmes ;
Enfin il a promis, en répandant des larmes,
De ne point me forcer à cet hymen affreux
Qui hâteroit la fin de mes jours malheureux.
Mais il ne peut souffrir qu'un rival qui l'offense,
En passant dans mes bras, insulte à sa puissance :
Sa colère éclatoit à ce seul souvenir.
Tout prêt à s'y livrer et tout prêt à punir,
Il m'a représenté la révolte enhardie,
Menaçant ses États d'un nouvel incendie,
Sa couronne en péril, son honneur offensé,
Par mille factieux votre nom prononcé,
Et les mutins pour vous prêts à s'armer peut-être...

WARWICK.

Ah ! j'en attends l'effet ! qu'il est lent à paroître !
Je respire un moment, je conçois quelque espoir :
Il va sentir les coups qu'il auroit dû prévoir,
Et bientôt....

ACTE IV, SCÈNE IV.

ÉLISABETH.

Votre espoir ajoute à mes alarmes,
Vous voulez que pour vous Londres prenne les armes!
Moi, je déteste hélas! ce funeste secours :
C'est en vous défendant qu'on expose vos jours.
Édouard jusqu'ici craint, malgré sa colère,
De porter contre vous un arrêt sanguinaire.
Rarement à son âge on a pu s'endurcir
Dans les rigueurs du trône et dans l'art de punir ;
Mais s'il faut qu'aujourd'hui, soulevant l'Angleterre,
Votre nom soit encor le signal de la guerre,
Songez-vous qu'un Monarque, à qui vous insultez,
Pourroit frapper en vous le chef des révoltés?
Vous êtes dans ses mains, sans armes, sans défense ;
Et vous le menacez!

WARWICK.

Je suis en sa puissance,
Il est trop vrai : mon sang, je ne le puis nier,
Est au premier bourreau qu'il voudra m'envoyer.
S'il a pour l'ordonner une ame assez hardie,
Et s'il peut sans trembler disposer de ma vie,
Je recevrai la mort sans en être étonné ;
Mais je mourrai du moins sans avoir pardonné.

ÉLISABETH.

Eh! pardonnez, cruel, à votre triste amante.
Quand mon cœur pour vous seul se trouble et s'épouvante,
Quand je veux vous sauver...

WARWICK.

Que servent vos douleurs ?
Votre tendresse ici me doit plus que des pleurs.
Vous allez supplier un ingrat qui m'opprime !
Secondez bien plutôt le transport qui m'anime :
Armez pour moi tous ceux que l'amitié, le rang,
Le devoir, l'intérêt attache à votre sang.
Craignez-vous de tenter la route où je vous guide ?
Est-ce donc en nos jours que le sexe est timide !
Et n'avons-nous pas vu dans l'horreur des combats
Marguerite, portant son fils entre ses bras,
Disputer aux guerriers le péril et la gloire,
Et même contre moi balancer la victoire ?
Suivez ce grand exemple, elle revient à moi ;
Égalez son courage, osez braver un Roi.
Mon amante, occupée à trembler pour ma vie,
Pourra-t-elle aujourd'hui moins que mon ennemie ?
Allez, et des Anglais ranimant la valeur,
Signalez à leurs yeux ma femme et mon vengeur.

ÉLISABETH.

Ta femme veut sauver Warwick et la patrie.
Tu les perds tous les deux : ton aveugle furie
Te cache un précipice à tes pas présenté,
Et chez tes ennemis tu vois ta sûreté.
Marguerite te sert ! oses-tu bien l'en croire ?
Penses-tu m'éblouir du tableau de sa gloire ?
La crois-tu résolue à te garder sa foi ?
Elle qui n'eut jamais que l'intérêt pour loi,

ACTE IV, SCÈNE IV.

Elle qui tour à tour magnanime et cruelle,
En servant son époux, en vengeant sa querelle,
Portoit sur ses parens son bras ensanglanté,
Et mêloit la grandeur à la férocité !
Quoi ! désormais Lancastre est ta seule espérance !
Toi, du sang des Yorck appui dès leur enfance,
Rappeler sur leur trône, heureusement rempli,
Une femme implacable, un vieillard avili !
Changer à tous momens d'amis et d'adversaires !
Combattre et soutenir les deux partis contraires !
Crois-moi, c'est étaler aux yeux de l'avenir
Une légèreté dont tu devrois rougir.
Si le parti d'Yorck t'a paru le plus juste,
Persiste dans ton choix, tu te rends plus auguste.
C'est en vain qu'Édouard eut des torts envers toi ;
Couvre de tes vertus les fautes de ton Roi ;
Et lui vouant toujours tes soins et ton hommage,
Honore, au moins pour toi, ce qui fut ton ouvrage.
Répare des affronts qu'il n'a pas dû souffrir.
T'abaisser devant lui ce n'est point te flétrir.
Lui-même il a paru commander à sa flamme.
Un Roi fait le premier cet effort sur son ame ;
Et le sujet balance !

WARWICK.

Et qu'a-t-il fait enfin ?
A son indigne amour il a mis quelque frein :
Le sacrifice est grand ; mais moi qu'il déshonore,
Qu'il a mis dans les fers où je languis encore,

Qu'il trahit, qu'il insulte et flétrit tour à tour,
Si je ne suis vengé, je perds tout sans retour.
Peut-être que l'on peut, maître de sa vengeance,
D'un ennemi vaincu dédaigner l'impuissance,
Peut-être l'on préfère avec quelque plaisir
L'orgueil de pardonner à l'orgueil de punir;
Mais signer un accord qu'arrache la contrainte,
Céder à la menace, obéir à la crainte,
Aller, comme un esclave échappé de ses fers,
Demander le pardon des maux qu'on a soufferts!
N'attendez pas de moi cet effort impossible:
Dans mon abaissement je suis plus inflexible;
Je vois tout mon outrage et je hais sans retour.
Laissez-moi cette haine ou m'arrachez le jour.

ÉLISABETH.

Eh bien! c'en est donc fait, et ton ame barbare
En croit aveuglément cet orgueil qui l'égare!
Ni la voix de l'amour, ni l'espoir d'être à moi,
Mes craintes, mes douleurs ne peuvent rien sur toi:
Tu brûles d'assouvir ta fureur meurtrière;
Tu voudrois de tes mains embraser l'Angleterre.
Va, nage dans le sang, va je ne combats plus
Cet orgueil insensé qui flétrit tes vertus;
Va cruel, va chercher des triomphes coupables,
Couvre-toi de lauriers à mes yeux méprisables;
Va, cours plonger ton bras dans le sein de ton Roi,
Mais apprends qu'à ce prix je ne puis être à toi.
Je ne recevrai point dans cette main tremblante

ACTE IV, SCÈNE IV.

La main d'un furieux de carnage fumante ;
La mienne loin de toi va finir mes malheurs,
Expier dans mon sang mes funestes erreurs.
C'en est fait, et je veux, à mon heure suprême,
Maudire, en expirant, Édouard et toi-même,
Le sort, le sort affreux qui m'accable aujourd'hui,
Et l'amant plus cruel, plus barbare que lui.

WARWICK.

Arrête.... O toi qui sais ce que mon cœur endure,
Qui devrois adoucir sa profonde blessure,
Toi-même, Élisabeth, viens-tu l'empoisonner ?
Hélas ! quand tous les maux semblent m'environner,
Écrasé sous leur poids lorsque mon cœur expire,
Ta main, ta propre main l'arrache et le déchire !
C'est-là le dernier trait de mon affreux destin ;
C'est ma dernière épreuve, et j'y succombe enfin.
Cesse de tourmenter une ame anéantie.
Va, je ne hais plus rien que moi-même et la vie.
Eh bien ! va donc trouver ce tyran, cet ingrat,
Va, demande pour moi, dans mon horrible état,
Non le pardon honteux qui m'indigne et m'offense ;
Mais dis-lui que Warwick, appui de son enfance,
Qui veilloit sur ses jours au milieu des combats
Et pour les conserver s'exposoit au trépas,
Qui des Rois sur son front ceignit le diadème,
Qui n'a de ses travaux rien voulu pour lui-même,
Accablé de la vie et lassé de souffrir,
N'attend plus d'un tyran que l'ordre de mourir.

ÉLISABETH.

Quel est l'égarement où ton ame se livre ?
Cruel !....

SCÈNE V.
WARWICK, ÉLISABETH, UN OFFICIER, GARDES.

L'OFFICIER.

Auprès du Roi, Madame, il faut me suivre.
Ses ordres sont pressans, hâtez-vous.

ÉLISABETH.

                                C'est assez.
Cieux éloignez les maux qui me sont annoncés.

WARWICK.

Qui toi m'abandonner ! où vas-tu ? non, demeure,
Demeure, Élisabeth. Ah ! s'il faut que je meure,
Mes yeux du moins....

L'OFFICIER.

               Madame, Édouard vous attend.

ÉLISABETH.

Hélas ! pour nous sauver tu n'avois qu'un instant ;
Cet instant précieux tu l'as rendu funeste....
Adieu.

WARWICK.

Vous l'entraînez ?

SCÈNE VI.

WARWICK, seul.

   O toi, toi que j'atteste,
Toi qui m'enlevant tout me refuses la mort,
Peux-tu permettre, ô Dieu, que sous les coups du sort
Le grand cœur de Warwick s'affoiblisse et succombe!
Avant de m'avilir, ciel, ouvre moi la tombe.
(Il s'assied.)
J'ai peine à résister à mon état affreux.
De momens en momens ce flambeau ténébreux,
Qui luit si tristement dans l'épaisseur des ombres,
Verse un jour plus funèbre et des lueurs plus sombres?
Malgré moi je frémis : tout porte dans mon cœur
Un chagrin plus profond, une morne douleur....
Hélas! enseveli dans cette nuit cruelle,
Tout ce que je ressens est horrible comme elle.
Mais quel bruit effrayant fait retentir ces lieux?
Je crois entendre au loin des cris tumultueux :
On approche. Le sort remplit mon espérance,
On m'apporte la mort.

SCÈNE VII.

WARWICK, SUMMER, *l'épée à la main*, SOLDATS.

SUMMER.

   J'apporte la vengeance :
Ami, prenez ce fer, soyez libre et vainqueur.

WARWICK.

Tout est donc réparé! cher ami, quel bonheur....?

SUMMER.

Votre nom, votre gloire, et la Reine et moi-même,
Tout range sous vos lois un peuple qui vous aime.
Marguerite échappée aux gardes du palais,
D'abord à votre nom rassemble les Anglais.
Je me joins à ses cris; tout s'émeut, tout s'empresse,
Tous veulent vous offrir une main vengeresse;
On attaque, on assiége Édouard alarmé,
Avec Élisabeth au palais renfermé.
Paroissez; c'est à vous d'achever la victoire.
Ami, venez chercher la vengeance et la gloire.

WARWICK.

Voilà donc où sa faute et le sort l'ont réduit!
De son ingratitude il voit enfin le fruit:
Il l'a bien mérité.... Marchons.... Warwick, arrête.
Tu vas à Marguerite assurer sa conquête,
Écraser sans effort un rival abattu!
Sont-ce là des exploits dignes de ta vertu?
Est-ce un si beau triomphe offert à ta vaillance
D'immoler Édouard, quand il est sans défense?....
Ah! j'embrasse un projet plus grand, plus généreux;
Voici de mes instans l'instant le plus heureux :
Ce jour de mes malheurs est le jour de ma gloire;
C'est moi qui vais fixer le sort et la victoire.
Le destin d'Édouard ne dépend que de moi;
J'ai guidé sa jeunesse, et mon bras l'a fait Roi;

ACTE IV, SCÈNE VII.

J'ai conservé ses jours, et je vais les défendre;
Je lui donnai le sceptre, et je vais le lui rendre,
De tous ses ennemis confondre les projets,
Et je veux le punir à force de bienfaits.
Il connoîtra mon cœur autant que mon courage;
Une seconde fois il sera mon ouvrage.
Qu'il va se repentir de m'avoir outragé!
Combien il va rougir! ami, je suis vengé.
Allons, braves Anglais, c'est Warwick qui vous guide;
Ne désavouez point votre chef intrépide :
Si vous aimez l'honneur, venez tous avec moi,
Et combattre Lancastre et sauver votre Roi.

FIN DU QUATRIÈME ACTE.

ACTE CINQUIÈME.
(La Scène est au Palais.)

SCÈNE I.
ÉLISABETH, seule.

Ciel! où porter le trouble où mon cœur s'abandonne?
La terreur me poursuit et la mort m'environne.
J'entends autour de moi les cris de la fureur,
Les plaintes des mourans... O sort, ô jour d'horreur,
On arrête mes pas! hélas! ce que j'ignore
Est plus triste peut-être et plus affreux encore,
Et le ciel que ma voix est lasse d'implorer,
Quel que soit le succès, me condamne à pleurer.
De Marguerite enfin l'ascendant nous opprime.
Elle a su malgré moi traîner dans cet abîme
Deux amis, deux héros l'un de l'autre admirés,
Deux cœurs nés généreux, par l'amour égarés.
Tout semble m'annoncer son triomphe sinistre.
Warwick, de ses projets trop aveugle ministre,
Combat pour son époux après l'avoir vaincu;
A servir une femme il est donc descendu!
Tu l'emportes sur nous, trop cruelle ennemie!
Je cède en gémissant à ton fatal génie.
Il est de ton destin d'accabler mon pays.

Eh bien ! verse le sang, marche sur nos débris.
Mais du moins quelque jour pour venger l'Angleterre,
Puisse le juste ciel, à tes desseins contraire,
Arracher de tes mains le fruit de nos malheurs !
Puisses-tu loin de nous, pour prix de tes fureurs,
Traînant chez l'étranger, devenu ton asile,
Une vieillesse obscure, une rage inutile,
Mendiant des secours que tu n'obtiendras pas,
Mourir en détestant ta vie et ton trépas !

SCÈNE II.
ÉLISABETH, SUFFOLCK.

ÉLISABETH.

Où courez-vous, Suffolck ? venez-vous....?

SUFFOLCK.

Ah ! Madame,
Aux transports de la joie abandonnez votre ame :
Jouissez d'un bonheur que vous n'attendiez pas ;
Jamais un jour plus beau n'a lui sur ces climats.

ÉLISABETH.

Ah ! ce jour à mon cœur n'offroit rien que d'horrible.
Quoi Warwick...? achevez.

SUFFOLCK.

Ce héros invincible,
Le plus fier des mortels et le plus valeureux,
Est encor le plus grand et le plus généreux.
Déjà de ses succès Marguerite enivrée
Croyoit à son parti la victoire assurée,

Quand le nom de Warwick par cent voix répété
Suspend des combattans l'effort précipité.
Soudain au milieu d'eux il s'avance, il s'écrie :
« Amis, où vous emporte une aveugle furie ?
» Anglais, quel ennemi poursuit votre courroux ?
» C'est ce même Édouard, jadis choisi par vous,
» Qui vous fut dans ces murs présenté par moi-même,
» Qui de vos propres mains reçut son diadème.
» Si c'est Warwick, amis, que vous voulez venger,
» Défendez votre maître, au lieu de l'outrager :
» Partagez avec moi cette gloire si belle.
» O mes braves Anglais, c'est moi qui vous appelle ;
» Reconnoissez ma voix ! » — Ses paroles, ses traits,
Cet aspect si puissant et si cher aux Anglais,
Le feu de ses regards, cette ame grande et fière,
Cette ame sur son front respirant toute entière,
Cet empire suprême et ces droits si certains
Qu'un héros eut toujours sur le cœur des humains
Subjuguent les esprits : tout obéit, tout change.
Du côté d'Édouard tout le peuple se range,
Et ce Prince et Warwick, pressés de tous côtés,
Dans les bras l'un de l'autre à l'envi sont portés.
J'observois Édouard ; je cherchois à connoître
Si dans un tel moment, humilié peut-être,
Contre un dépit secret il défendroit son cœur,
Et pourroit à Warwick pardonner sa grandeur.
Mais rien ne l'a surpris, il faut que j'en convienne :
Dans l'ame de Warwick il sembloit voir la sienne ;
Il n'étoit qu'attendri, sans être confondu,

ACTE V, SCÈNE II.

Et devant le héros le roi n'a rien perdu.
La joie et le bonheur remplacent les alarmes;
Le peuple, les soldats laissent tomber leurs armes;
Enfin dans tous ses droits Édouard affermi
Retrouve sa vertu, son trône et son ami.

ÉLISABETH.

O Warwick, ô mortel qu'a choisi ma tendresse,
Non, tu ne conçois pas cet excès d'allégresse,
Ces transports que je sens, qu'inspirent à mon cœur
Ces vertus dont sur moi rejaillit la splendeur;
Cet effort d'un héros, ces honneurs qu'il mérite....
Vient-il ?....

SUFFOLCK.

Vers la Tamise il poursuit Marguerite.
Quelques mutins encor, dans leur rage obstinés,
A combattre, à mourir sembloient déterminés.
Warwick le fer en main les frappe et les renverse,
Leur foule devant lui succombe et se disperse
Cependant qu'Édouard autour de ce palais
Appaise le désordre et rétablit la paix.
Mais le voici lui-même.

SCÈNE III.

ÉDOUARD, ÉLISABETH, SUFFOLCK, GARDES.

ÉLISABETH.

Ah! partagez ma joie,

Sire; après tous les maux où mon cœur fut en proie,
Hélas! j'ai bien le droit de sentir mon bonheur
D'applaudir un héros si digne de mon cœur,
Que sans doute avec moi vous admirez vous-même :
Ce qu'il a fait pour vous, oui, cet effort suprême...

ÉDOUARD.

Je le sens, je l'admire, et je n'en rougis pas :
Un bienfait n'avilit que les cœurs nés ingrats.
C'est peu d'avoir dompté la révolte et la guerre,
C'est peu d'avoir rendu le calme à l'Angleterre;
Je lui dois encor plus : pour ce cœur satisfait
L'amitié de Warwick est son plus grand bienfait.
J'en suis digne du moins, et je lui rends la mienne.
Ma générosité veut égaler la sienne,
Et mon cœur n'est pas fait pour le déguisement.
Je sais qu'il est un art de feindre lâchement;
D'oublier un service et jamais une offense,
D'attendre le moment propice à la vengeance.
D'autres le puniroient de les avoir servis :
Il est beaucoup de Rois, il est bien peu d'amis;
Mais j'abhorre à jamais cette exécrable étude,
Cet art de la bassesse et de l'ingratitude.
L'amour seul a produit et mes torts et les siens.
La vertu nous ramène à nos premiers liens.
A la loi du traité je suis prêt à me rendre.
Il mérita vos vœux, je cesse d'y prétendre :
Je commande à l'amour, et plein des mêmes feux,
Je saurai....

SCÈNE IV.

SCÈNE IV.

ÉDOUARD, ÉLISABETH, MARGUERITE, SUFFOLCK, GARDES, SOLDATS.

MARGUERITE.

Le destin me ramène à tes yeux,
Tu me vois, ta captive et pourtant triomphante.
Tremble : j'apporte ici le deuil et l'épouvante.
(à Édouard.)   (à Élisabeth.)
Warwick est ton ami ; Warwick est ton amant ;
Frémissez tous les deux, dans ce fatal moment :
Il meurt.

ÉLISABETH.

Warwick ?

ÉDOUARD.

O ciel !

MARGUERITE.

Et j'ai proscrit sa vie :
Des fidèles amis ont servi ma furie.
Mêlés parmi les siens, ils l'ont enveloppé.
Toi seul es plus heureux, toi seul m'es échappé.

ÉDOUARD.

Barbare !

MARGUERITE.

J'ai détruit ton défenseur coupable.
Qu'il me servît ou non, sa mort inévitable
Dut punir aujourd'hui son infidélité,

5

Ou l'orgueilleux secours que son bras m'eût prêté.
Toi, tu peux le venger, et tu peux méconnoître
Les droits des Souverains : tu n'es pas né pour l'être.

(*Elle sort.*)

ÉDOUARD.

Je le suis pour punir un monstre furieux.
Ah ! que vois-je ?

SCÈNE V ET DERNIÈRE.

Acteurs précédens, WARWICK *apporté par des Soldats,* SUMMER.

ÉLISABETH *courant à lui.*

Warwick, cœur noble et malheureux !

ÉDOUARD.

Héros que j'ai chéri, que je perds par un crime,
Ah ! ma vengeance au moins peut t'offrir ta victime :
Cette femme barbare, au milieu des tourmens,
Bientôt....

WARWICK.

Écoutez moins de vains ressentimens.
Renvoyez à Louis cette Reine cruelle ;
Il pourroit la venger... ne craignez plus rien d'elle :
Ce peuple qui m'aima la déteste aujourd'hui.
Qui m'a donné la mort ne peut régner sur lui.
Plaignez moins mon trépas : ma carrière est finie
Dans l'instant le plus beau dont s'illustra ma vie.
Ma voix a fait encor le destin des Anglais,
Et j'emporte au tombeau ma gloire et vos regrets.

ACTE V, SCÈNE V.

ÉLISABETH.

Ah! ton Élisabeth ne pourra te survivre;
J'ai vécu pour t'aimer, je mourrai pour te suivre :
Dans la nuit du tombeau tous les deux renfermés,
Unis malgré la mort....

WARWICK.

Vivez si vous m'aimez.
(à Edouard.)
Soyons vrais; de nos maux n'accusons que nous-même :
Votre amour fut aveugle et mon orgueil extrême.
Vous aviez oublié mes services ; et moi
J'oubliai trop hélas ! que vous étiez mon Roi.
Nous en sommes punis... mes forces s'affoiblissent ;
Ma voix meurt et s'éteint, et mes yeux s'obscurcissent.
Ma chère Élisabeth! adieu... séchez vos pleurs;
Je ressens à la fois la mort et vos douleurs :
Hélas ! il est affreux de quitter ce qu'on aime;
(à Edouard.)
Réparez, s'il se peut, son infortune extrême ;
Sur ses jours malheureux répandez vos bienfaits.
Warwick meurt votre ami.... ne l'oubliez jamais.

(Il meurt.)

FIN.

www.ingramcontent.com/pod-product-compliance
Lightning Source LLC
LaVergne TN
LVHW050600090426
835512LV00008B/1274